Autismus Adlerblick und Tunnelsicht 2

Tipps für Lehrer

1. Auflage

Melanie Matzies-Köhler

1. Auflage
©2015 Melanie Matzies-Köhler
autismus.matzies@gmail.com
Cover-Titelbild: Gee Vero
Cover-Gestaltung: Mike Beuke, www.coolcad.de
Lektorat: Andreas Weise, Kay Köhler
Co-Lektorat: Carmen Kockler
www.sozialtraining-autismus.de

ISBN-13:
978-1517632328

ISBN-10:
1517632323
:

Dieses Buch widme ich
Carmen Kockler,
ohne die es nicht
zustande gekommen wäre

INHALT

VORWORT

In der Öffentlichkeit wird im Zuge der Inklusion sehr viel darüber debattiert, wie wir Kinder im Autismus-Spektrum (AS[1]) in den Schulalltag integrieren können. Die Debatte wirft viele Fragen auf, die derzeit vornehmlich von denen beantwortet werden müssen, die tagtäglich damit zu tun haben: den Lehrerinnen und Lehrern, die mit den Kindern arbeiten, sowie den Kindern selbst und ihren Mitschülern/Mitschülerinnen [2]. Im ersten Teil meiner Adlerblick-Reihe habe ich begonnen, den Kindern beziehungsweise Jugendlichen Tipps zu geben, die mit mindestens einem autistischen Kind im Lebensalltag zu tun haben. Dieser zweite Teil gilt den Lehrern, die manchmal vollkommen unvorbereitet ein autistisches Kind in ihrer Gruppe oder Klasse empfangen und zunächst nicht viel über das Autismus-Spektrum wissen. In meiner täglichen

---

[1] Ich werde anstelle „im Autismus-Spektrum" häufig „im AS" schreiben

[2] Gleich zu Beginn der Hinweis, dass ich überall im Buch die männliche Form der Endung (Lehrer, Schüler etc.) verwende. Das geschieht aufgrund der Einfachheit der Formulierungen

Beratungstätigkeit begegnen mir höchst motivierte Lehrer, die mangels Aufklärung und Hilfestellung in vielen Fällen nach kurzer Zeit hoffnungslos überfordert mit ihrer Aufgabe sind. Oder es sind Lehrer, die aus Angst vor einem rätselhaften Phänomen, über das man schon „viel Schlimmes" gehört hat, von vornherein kapitulieren. Viele sind motiviert und offen für autistische Kinder, können aber ihr Wissen aufgrund fehlender finanzieller oder sonstiger Hilfen nicht adäquat umsetzen.

Dieser kleine Ratgeber kann hier keine komplette Abhilfe schaffen. Er soll aber denjenigen den Einstieg erleichtern, die das Thema Autismus verstehen, sich auf bestimmte, oft seltsam anmutende Verhaltensweisen im Schulalltag einen Reim machen wollen oder erste Lösungsansätze für „Problemverhalten" suchen. Ich habe aus meiner täglichen Arbeitspraxis diverse Beispiele herausgesucht, die auf die spezielle Situation und Sicht der Lehrer zugeschnitten sind. Wie im ersten Teil finden sich auch hier nicht für alle Probleme sofortige Patentrezepte. Dies würde den autistischen Kindern auch nicht gerecht werden, da jedes Kind sich von einem anderen Kind mit Autismus unterscheidet (ebenso wie jedes Kind ohne Autismus sich von jedem anderen Kind ohne Autismus unterscheidet). Als Fachberaterin für Autismus erfahre ich immer wieder, dass individuelle Lösungen gefunden werden müssen. Wer jedoch versteht, warum ein Kind mit Autismus etwas tut oder nicht tut, wie es denkt, fühlt und wahrnimmt (so wir dies tatsächlich in Erfahrung bringen können), der findet aller Voraussicht nach viel eher eigene Lösungen. Dabei behilflich zu sein, ist mein Anliegen.

Zuletzt sei noch angemerkt, dass ich diesen zweiten Teil aufbauend auf den ersten geschrieben und somit an manchen Stellen auf Passagen zurückgegriffen habe, die sich im ersten Teil bereits finden. Allerdings ist das nur vereinzelt geschehen.

Da ich überwiegend mit Kindern mit High-Functioning Autismus und Asperger-Syndrom arbeite (beziehungsweise laut neuerer Terminologie mit Kindern aus dem Autismus-Spektrum, deren Autismus schwach oder mild bis mittel ausgeprägt ist [3]), beziehe ich mich in meinem Buch vornehmlich auf diese Zielgruppe. Davon abgesehen greifen die meisten Tipps für alle Kinder, die sich im Autismus-Spektrum befinden. Je nach „Schweregrad" kann das eine oder andere modifiziert und an das Kind angepasst werden.

Das Titelbild wurde von der autistischen Künstlerin Gee Vero gestaltet, die mit ihrem „The Art of Inclusion"-Projekt bereits vielen, streckenweise auch prominenten Personen wie Angela Merkel und Ben Kingsley (um nur einige zu nennen) einen Zugang zur Welt von Menschen im Autismus-Spektrum eröffnet hat und sich für den Brückenbau zwischen den Welten einsetzt. Ihr Buch „Autismus – (m)eine andere Wahrnehmung" sei an dieser Stelle ausdrücklich für alle Menschen empfohlen, die sich für ihre autistische Sicht der Welt und des Lebens interessieren. Es ist eine ideale Ergänzung für alle Bücher von externen Fachleuten, also auch für dieses Buch.

Melanie Matzies-Köhler

---

[3] Ich bin mir bewusst, dass gerade in Kreisen der Autismus-Betroffenen diese Einteilung in „mild, mittel und schwer" umstritten ist.

WAS IST AUTISMUS?

Autisten sind wie Inseln. Das sagte Dr. Peter Schmidt in einer Fernsehsendung im April 2014, in der er über seinen Autismus in Zusammenhang mit dem Thema Liebe sprach. Die Anderen sind das Festland, zu dem Autisten nur über Brücken gelangen können, die wir ihnen bauen müssen. Andererseits müssen aber auch die Anderen vom Festland über Brücken zu den Inseln gelangen.

Dr. Peter Schmidt beschreibt mit diesem Vergleich anschaulich die Tatsache, dass Autisten Menschen sind, die sich in ihrem Denken, Fühlen und Wahrnehmen fundamental von Nicht-Autisten unterscheiden. Die Gräben können so tief sein, dass Betroffene sich als Außerirdische fühlen, woher auch der Begriff „Wrong Planet Syndrom" für Autismus kommt.

Menschen im Autismus-Spektrum stoßen vorrangig im sozialen und kommunikativen Bereich an ihre Grenzen, wenn es um ein Miteinander mit Nicht-Autisten geht. Ihre Gefühlswelt ist für uns oft unverständlich und auch ihre Interessen und Verhaltensweisen unterscheiden sich gravierend. Dazu kommt, dass sie „die Dinge" auch ganz anders wahrnehmen, ihre Sinne manchmal komplett überfordert mit dem auf sie einströmenden Reizchaos sind und bei einigen sogar keine Wörter, sondern reine Empfindungen oder Bilder für Denkprozesse genutzt werden. Daraus folgt, dass auch „wir" im Umgang „mit ihnen" an unsere Grenzen stoßen. Die Brücken sollten wir am besten gemeinsam bauen, Autisten und Nicht-Autisten zusammen.

WAS KENNZEICHNET „DEN AUTISMUS"?

Das Wort „Autismus" leitet sich vom griechischen Wort „autos" ab. „Autos" bedeutet „selbst" und somit drückt „Autismus" aus, dass jemand auf „sich selbst bezogen" ist. Das hat nichts mit Egoismus (auf Deutsch: Ich-Bezogenheit) zu tun, also damit, dass jemand nur an sich denkt und ihm die Bedürfnisse anderer Menschen egal sind. „Selbstbezogenheit" bedeutet vielmehr, dass jemand die Welt um sich herum nur aus seiner eigenen Perspektive wahrnehmen kann. Es fällt ihm schwer, sich in andere Menschen hineinzuversetzen und andere Blickwinkel zu berücksichtigen. Er kreist also um sich selbst und spart die anderen aus. Aber das geschieht nicht mit Absicht wie beim Egoismus. Ein Egoist spart die anderen aus, weil sie ihm egal sind und für ihn nur seine eigenen Bedürfnisse wichtig sind. Ein Autist berücksichtigt die anderen nicht, weil er es nicht kann.

Es gibt drei geistige Systeme, die zusammenwirken und unser Verhalten und unsere Orientierung im gemeinsamen Raum (oder der gemeinsamen Welt) gewährleisten: Theory of Mind, exekutive Funktionen und Zentrale Kohärenz.

Der vierte Bereich, der in Bezug auf Autismus ebenfalls wichtig ist, ist die Wahrnehmung, die anders verläuft als bei nicht-autistischen Menschen. Dieser vierte Bereich ist mit den anderen drei Bereichen verbunden. Dennoch werde ich an dieser vierten Position einige Besonderheiten der Wahrnehmung ausführen, um deren besondere Bedeutung darzulegen.

1. Die „Theory of Mind"

Das erste System beinhaltet die „Theory of Mind" (ToM), also die Fähigkeit, sich in andere Menschen hineinversetzen und deren Wahrnehmungen, Absichten, Wünsche und Gedanken nachvollziehen und für die eigene Handlungsplanung berücksichtigen zu können. Im Zusammenhang mit der Theory of Mind wird oft von Empathie (Einfühlungsvermögen) gesprochen. Dabei unterscheidet man affektive (emotionale) Empathie und kognitive („verstandesmäßige") Empathie. Nach Isabel Dziobek, einer Autismus-Forscherin, kennzeichnet die kognitive Empathie alle geistigen Prozesse des Erkennens und Verstehens (und ist ein Synonym für Theory of Mind) in Bezug auf die Psyche anderer, während die affektive Empathie die emotionale Reaktion auf das Gefühl eines anderen (auch Mitgefühl genannt) bezeichnet (siehe Dziobek, 2008). In einem Test konnte aufgezeigt werden, dass Menschen mit Autismus zwar Probleme haben zu erkennen und zu verstehen, was im Gesicht oder Körper einer Person vor sich geht, sie aber dennoch Mitgefühl empfinden, sofern sie jemand über diese rätselhaften Zeichen der Mimik und Gestik aufklärt. Beeinträchtigt ist also zwar die Theory of Mind (oder kognitive Empathie), nicht aber die unmittelbare Gefühlsreaktion auf das Leiden oder die Freude eines anderen, sofern ihnen die nonverbalen (nichtsprachlichen) Begleiterscheinungen und

Situationszusammenhänge erklärt werden oder ihnen bekannt sind.

Das Problem, soziale Hinweise auf Gefühle, Absichten, Wünsche und Gedanken anderer zu verstehen, führt im Alltag zu diversen Schwierigkeiten in sozialen Situationen. Der gesamte zwischenmenschliche Kontakt ist beeinträchtigt, wenn nonverbale Kommunikation (Mimik, Gestik, Körpersprache) nicht ausreichend verstanden wird. Das wird dann deutlich, wenn man sich bewusst macht, dass circa 90% der menschlichen Kommunikation über nichtsprachliche Hinweise verlaufen. Auch Stilmittel wie Ironie oder Witz können dann nicht verstanden werden. Der Ton, der hier in Verbindung mit Mimik und Gestik „die Musik" macht, wird oft nicht vernommen und das Gesagte in keinen größeren Zusammenhang eingeordnet.

Bei Fehlen dieses „Sozialen Sinns" wundert es daher nicht, dass autistische Kinder oft unangemessen reagieren, wenn eine andere Person Anteilnahme oder Mitgefühl erwartet. Die Kinder können „nicht-autistische" Erwartungen hinsichtlich sozialen Verhaltens nicht erfüllen. Manchmal sind ihre emotionalen Reaktionen auf ein Ereignis sogar so inadäquat, dass sie als Provokationen oder böswillige Absicht interpretiert werden. Ein autistisches Kind, welches die so lustig rot anlaufende Lehrerin nicht als wütend erkennt und stattdessen anfängt zu lachen, fällt unangenehm auf. Nicht weil es die Lehrerin ärgern oder absichtlich provozieren will. Nein, es wird etwas sagen oder tun, von dem es gelernt hat, dass es den roten Farbverlauf im Gesicht auslöst - und es wieder sagen oder tun, weil das so spannend zu beobachten ist - und dabei lachen. Genauso verhält es sich, wenn ein autistisches Kind sich an dem roten Blutfluss ergötzt, der aus einer Wunde klafft, ohne zu erkennen, dass eine Person verwundet ist. Das Kind wird keinerlei Hilfe anbieten, geschweige denn Trost spenden. Ein solches Verhalten kann als kaltherzig empfunden werden.

Autistische Menschen wissen meistens gar nicht, was andere denken, wollen, wünschen, fühlen oder beabsichtigen könnten. Vielmehr gehen sie davon aus, dass das, was sie wissen, denken oder fühlen, auch das ist, was andere wissen, denken oder fühlen. Selbstverständlich orientieren sie sich dabei immer an ihrer eigenen autistischen Sichtweise. Axel Brauns (Buchautor) zum Beispiel schreibt, dass er erst mit neunzehn Jahren verstand, dass andere Menschen eigene Gedanken und Gefühle haben, die sich von seinen unterscheiden (s. Brauns, 2004). Im zweiten Kapitel werde ich auf viele solcher Schwierigkeiten eingehen, die ihre Ursache in der Theory-of-Mind-Schwäche haben. Sie ist in Kombination mit der später beschriebenen Zentralen Kohärenz-Schwäche ein echter Hemmschuh im sozialen Miteinander.

Man kann sich allerdings fragen, wie ein Mensch, dessen Wahrnehmen, Denken und Fühlen sich stark von dem der meisten anderen Menschen unterscheidet, überhaupt in der Lage sein soll, sich in diese hineinzuversetzen. Woher soll ein autistisches Kind wissen, dass andere Menschen nicht genauso gerne selbstgenügsam Räder eines Autos drehen oder beobachten, wie der Lichtstrahl durch das Schlüsselloch auf die gegenüberliegende Wand fällt (s. Peter Schmidt, 2014). Es geht einfach davon aus, dass das bei anderen Menschen auch so ist, beziehungsweise merkt nicht, dass es nicht so ist, weil es nicht auf andere Menschen achtet und selten in Interaktion mit ihnen tritt. Andersherum machen wir es nicht anders. Wir betrachten Autisten durch unsere nicht-autistische Brille, interpretieren und spekulieren ob ihres Verhaltens aufgrund unserer persönlichen Erfahrungswelt. Können wir uns denn in Autisten hineinversetzen? Ich wage das zu bezweifeln und leide diesbezüglich hinsichtlich meiner Fähigkeit, mich in autistische

Menschen hineinzuversetzen an einem Theory-of-Mind – Defizit.

Kinder, die später als autistisch diagnostiziert wurden, achten in den ersten drei Lebensjahren überwiegend auf Muster und deutlich weniger auf menschliche Gesichter als solche, die später nicht autistisch sind. Das haben Studien von Laurent Mottron in Kanada ergeben, die er in einem Vortrag in Berlin-Spandau 2012 vorstellte. Sie sind reizfixiert, so dass sie vorziehen, Details zu fokussieren, die statisch sind. Menschliche Gesichter werden weiteren Forschungen zufolge in Gehirnarealen verarbeitet, die normalerweise für Objekte zuständig sind. Das heißt, die sich schnell vollziehende, sich immer wieder verändernde menschliche Mimik ist nicht zu entschlüsseln, da die raschen Abfolgen der Gesichtszüge nicht integriert und mit Bedeutung gefüllt werden können. Zeigt man autistischen Personen dagegen Bilder, die statisch sind und Emotionen abbilden, so können sie diese wie eine Vokabel auswendig lernen und gegebenenfalls lernen, ähnliche Gesichtsausdrücke auch im wahren Leben zu entdecken und zu benennen. Das bleibt allerdings auch nach vielen Sozialtrainings schwierig, zumal in sozialen Situationen auch noch der Kontext des Geschehens beachtet werden muss und ein Mundwinkel nach unten oder oben nicht immer traurig oder fröhlich bedeutet.

2. Die exekutiven Funktionen

Wenn bei Ihnen morgens der Wecker klingelt, wissen Sie, dass es Zeit ist aufzustehen, ins Bad zu gehen, sich zu duschen, Zähne zu putzen und sich anzuziehen. Danach begeben Sie sich vermutlich in die Küche, kochen sich einen Kaffee oder Tee, essen eine Kleinigkeit, verlassen die Wohnung/das Haus, fahren zur Schule und beginnen den Unterricht, den Sie bereits zuvor geplant haben. Sie haben den Ablauf der Unterrichtsstunde im Kopf und reagieren flexibel auf etwaige Veränderungen. Kurz und gut, Sie können vorausplanen. Das tun Sie auch, wenn Sie einen Urlaub planen. Wenn Sie wissen, wohin Sie fahren wollen, suchen Sie ein Hotel, buchen den Flug, kaufen einen Reiseführer und planen vielleicht bereits, was Sie dort alles besichtigen wollen. Das Vorausplanen trägt eine Struktur in sich, erfolgt in einer bestimmten Reihenfolge und kalkuliert Unvorhersehbarkeiten mit ein. Zumindest werden einige wenige Veränderungen, die erfolgen könnten, Sie nicht sofort komplett aus der Bahn werfen. Ihre exekutiven Funktionen leiten Sie durch den Tagesablauf oder die Urlaubsplanung, in dem sie Ihr Handeln planen, strukturieren und sich flexibel auf Unvorhersehbarkeiten einstellen können. Sie leiten Sie strategisch durch das Leben. Wenn Sie den Urlaub planen, können Sie sich währenddessen von anderen Reizen lösen, die Sie umgeben, um sich voll auf Ihre Planung zu konzentrieren. Komplexe Handlungsschritte zu koordinieren und sich von Umgebungsreizen zugunsten der sich stellenden Aufgabe zu lösen, ist eine weitere Aufgabe der exekutiven Funktionen.

Exekutive Funktionen spielen im Alltag nicht nur in Bezug auf den Tagesablauf eine Rolle, sondern auch beim Erlernen von Fähigkeiten einfacher Alltagshandlungen wie Hände waschen oder Schuhe zubinden. Bei diesen Alltagshandlungen ist es wesentlich zu wissen, was wann und in welcher Reihenfolge dran ist und wie lange das in etwa dauert. Setzen Sie sich mal einen Moment lang hin und analysieren Sie die Handlung „Zähne putzen". Überlegen Sie, was Sie in welcher Reihenfolge tun müssen. Zunächst nehmen Sie die Zahnbürste in die (meist linke) Hand – oder schrauben Sie zuerst die Zahnpasta-Tube auf, legen sie ab und nehmen dann die Zahnbürste in die Hand? Stellen Sie dann den Wasserhahn an oder geben Sie zuerst die Zahnpasta auf die Zahnbürste? Es ist nicht einfach,

Handlungen, die wir weitestgehend automatisiert haben, in einzelne Handlungsschritte aufzugliedern - und es ist erst recht nicht einfach zu ermitteln, wie viele einzelne Schritte wirklich nötig sind. Es sind vor allem mehr Schritte als gedacht. Da wir diese Handlungen ständig wiederholen, automatisieren wir sie, wir können es also im Schlaf. Unser prozedurales Gedächtnis hat übernommen. So verhält es sich auch mit dem Fahrradfahren oder Autofahren. Wir denken darüber nicht mehr nach, dass wir die Kupplung treten müssen, um einen Gang einzulegen. Wir handeln einfach. Dieses Planen und Automatisieren von Handlungsschritten gelingt vielen autistischen Menschen nicht auf dieselbe Weise. Einfache Handlungen wie Zähne putzen oder Hände waschen können von ihnen nicht auf gleiche Weise erlernt werden. Manche stehen jedes Mal aufgrund ihrer Handlungsstörungen hilflos vor einer solchen Aufgabe. Was kommt zuerst? Was danach und danach? Wann endet es? Viele Autisten benötigen Hilfestellung, um Handlungen durchzuführen, die meistens in Form von Visualisierungshilfen und/oder verbalen Hinweisen gegeben werden. Visualisierungshilfen sind beständiger und machen den Betroffenen selbstständiger. An einer Anzahl von Bildern, die jeden einzelnen Handlungsschritt symbolisiert, können sie sich entlang hangeln.

Wichtig für Handlungsplanung beziehungsweise das zielgerichtete Handeln ist darüber hinaus die Fähigkeit, sich von seinen unmittelbaren Impulsen lösen zu können, sie also gegebenenfalls zu unterdrücken. Wer stets seinen unmittelbaren Impulsen beim Lösen von Problemen folgt, trifft möglicherweise falsche Entscheidungen. Bei Autismus fällt auf, dass Betroffene ihre Impulse oft nicht unterdrücken können, sondern sie unmittelbar ausleben wollen.

Ihr Problemlöseverhalten ist unflexibel, weil sie auf eine einmalig gefundene Lösung für ein Problem auch in der nächsten Situation bestehen, ohne flexibel auf die veränderten Umstände reagieren zu können. In sozialen Situationen macht sich das unflexible, starre Denken auch bemerkbar. Ein einmal geübter Small Talk kann nicht auf jede andere Situation eins zu eins übertragen werden. Ein Mundwinkel, der nach oben zeigt, heißt nicht automatisch, dass der Betroffene glücklich ist.

Manchmal ist ein Kind mit Autismus so unflexibel im Denken, dass es nicht weiß, dass eine bestimmte Regel immer gilt und nicht nur an bestimmten Tagen. Wenn ein Lehrer vielleicht an einem Montag eine Regel aufgestellt hat, dann weiß das Kind nicht unbedingt, dass die Regel nicht nur montags, sondern jeden Tag in der Schule gilt. Natürlich wirkt sich das auch auf den Unterrichtsstoff aus. Wenn Sie als Lehrer erwarten, dass ein Kind von einer konkreten, einmal verstandenen Lösung abstrahiert und diese auf ein neues Problem anwendet, kann es große Probleme geben. Darauf werde ich im Verlauf des Buches noch ausführlicher eingehen. Übertragungsleistungen sind nicht unbedingt die Stärke autistischer Kinder.

Durch die schwach ausgeprägten exekutiven Funktionen kommt es zu Veränderungsängsten und starren oder sich ständig wiederholenden Verhaltensweisen und Interessen. Wie bei Tom (10 Jahre, Frühkindlicher Autismus), der eine Schule für geistige Entwicklung besucht. Tom liebt Flummis, Bälle und Luftballons. Er lässt die Bälle und Flummis leidenschaftlich springen und fragt wieder und wieder, wie hoch der Ball oder Flummi springt, wie laut er ist und ob er im Wasser untergehen würde. Dabei ist er (noch?) nicht an physikalischen Erklärungen interessiert, sondern benötigt einfache Antworten, die er kennt und die er kontrollieren kann.

3. Zentrale Kohärenz

Die Sinnesorgane nehmen Informationen aus der Umwelt auf, die im Gehirn verarbeitet werden. Das Gehirn ordnet die Informationen, trennt Unwichtiges von Wichtigem und bringt unsere Wahrnehmungen in einen Zusammenhang. Dieser Zusammenhang ist es, der uns die Welt als sinnvoll und geordnet erscheinen lässt. Wir streben nach Zusammenhängen! Wenn wir in Testverfahren eingebettete Figuren (also zum Beispiel ein Dreieck in einem Kinderwagen) finden sollen, fällt uns das schwer, weil wir nicht nach Details, sondern Zusammenhängen suchen. Wir behelfen uns dabei zum Beispiel der Kategorien. Jedes Gewächs, welches mit einem Stängel aus dem Boden ragt und um einen kleinen Kreis herum papierdünne, im Wind flatternde bunte Blättchen hat, bezeichnen wir als Blume. Jeder Vierbeiner mit Schwanz, Schnauze und meist langen Ohren, der bellt, wird von uns als Hund erkannt. Es gibt also bestimmte Details, anhand derer wir Gemeinsamkeiten feststellen, die uns dazu veranlassen, sie zu einer Gruppe zusammenzufassen.

Dass dabei diverse Blumen und Hunde komplett anders aussehen, können wir vernachlässigen. Davon abstrahieren wir. Zehn konkrete Hunde ergeben trotzdem einen abstrakten Hund. Bei anderen Dingen, wie Obst, kommen noch weitere Sinneseindrücke neben dem visuellen Eindruck dazu. Hier ist es der süße oder saure Geschmack, den wir zur Kategorisierung mit heranziehen.

Unsere Sinne nehmen also diverse Einzelreize auf, verbinden sie zu einem sinnvollen Ganzen und ermöglichen uns damit die Orientierung in der Welt. Diese Fähigkeit, Zusammenhänge herzustellen und sie in sinnvolle Zusammenhänge einzubetten, nennt man Zentrale Kohärenz.

Uta Frith (eine Autismus-Forscherin) nennt den Autismus ein kognitionspsychologisches Puzzle. Das Motiv des Puzzles finden Sie auch überall, wo es um

Autismus geht. Es ist also offenbar sehr bezeichnend. Bei Autismus ist es nämlich so, dass die Wahrnehmung eher in Fragmenten als in sinnvollen Zusammenhängen erfolgt. Ein Autist ist sehr detailorientiert. Er würde unsere Blumen vielleicht als stängelhaftes Etwas mit bunten Papierblättchen wahrnehmen. Da das Stängel-Etwas daneben ganz anders aussieht, hat es mit dem daneben nichts zu tun. Ein Dackel ist klein und hat lange Ohren und ist also ein Dackel. Dieser kleine Zwerg hat rein gar nichts mit dem Boxer zu tun, der groß und angsteinflößend und ein kräftiges Tier ist. Selbst einige hoch intelligente Autisten wie Temple Grandin haben Probleme mit übergeordneten Begriffen und Kategorie-Bildung.

Ein Zentrales Kohärenz - Defizit äußert sich in vielen Bereichen des Lebens. Es macht das gewöhnliche Einkaufengehen zu einer großen Herausforderung: Ein Autist, der unter „Sahne" eine ganz konkrete Verpackung abgespeichert hat, wird Probleme damit haben, eine andere Verpackung ebenfalls als „Sahne" zu identifizieren. Findet er nicht die bekannte Verpackung im Supermarkt, so wird er vermutlich unverrichteter Dinge wieder nach Hause gehen, es sei denn, man gibt ihm zum Beispiel Beschreibungen oder Fotos von allen möglichen Verpackungen mit, in denen sich „Sahne" befindet.

Das anschaulichste Beispiel, das die Schwierigkeit zur Zentralen Kohärenz beschreibt, kommt aus meiner Sicht von Gunilla Gerland, einer erwachsenen Autistin, die in ihrer Autobiographie „Ein richtiger Mensch sein" schreibt:

„Die Eßzimmerwelt, die Küchenwelt und die Flurwelt – die hatten erst dann etwas miteinander zu tun, wenn eine Farbe mich dazu brachte, sie untereinander zu verbinden. Wenn meine Mutter in der Küche etwas Lilafarbenes sagte und diesen lila Tonfall zwei Monate später im Badezimmer benutzte, hatten die Küche und das Bad für mich plötzlich etwas miteinander zu tun, und so konnte ich nach und nach

andere Gemeinsamkeiten entdecken, wie zum Beispiel, daß
es in beiden Räumen Wasser gab. Aber die erste
Verknüpfung entstand stets durch die Farbe." (Gerland.
Ein richtiger Mensch sein. S.23. 1998).

Anhand solcher autobiographischer Aussagen kann man
erkennen, welch haltloses Durcheinander die Welt für
jemanden darstellen muss, der jedes Detail mühsam zu
einem Ganzen zusammen puzzeln muss. Wie viel Kraft es
kostet, Zusammenhänge zu erkennen.
Unzusammenhängende Details schwirren wie viele
geöffnete Dateien auf einem Computer im Kopf eines
Autisten umher, ohne dass die Dateien verbunden sind. Er
kann auch nur auf jede Datei einzeln zugreifen.
Sinneseindrücke werden meistens nur in dem Bereich
verarbeitet, in dem sie eintreffen, sie werden oft nicht mit
anderen Eindrücken aus anderen Kanälen verknüpft.

Autistische Kinder sehen in Testverfahren zur Zentralen
Kohärenz auf einem Bett, auf dem ein eingeschnürtes
Kissen zu sehen ist, eine „große Nudel", obschon es
unwahrscheinlich ist, auf einem Bett eine solche zu finden.

Durch die Fixierung auf Einzelreize lässt sich auch
erklären, warum viele Autisten die Gefühle oder Absichten
anderer nicht erkennen können: Wer zum Beispiel nur auf
die Halskette einer Person achtet oder nur auf ihre
Mundpartie, der bekommt den Rest des Gesichts gar nicht
mit – und kann folglich auch nicht lernen, Gefühle darin zu
„lesen". Jede soziale Situation, zum Beispiel eine
Begrüßungssituation, wird möglicherweise als einzelne,
unzusammenhängende und immer wieder neue Erfahrung
abgespeichert. Ähnlich wie beim Hund und der Blume
wird auch hier keine Ähnlichkeit erkannt, um die
Erfahrung aus einer Situation für eine neue zu nutzen.
Dieses so genannte „Generalisierungs-Problem" verfolgt
uns im Zusammenhang mit der Schule auf Schritt und Tritt.

Auch Sprache lernt man zu verstehen, wenn man Zusammenhänge erkennt. Wer Zusammenhänge aber nicht begreift, versteht Sprache sehr wörtlich. Er oder sie hört eben nur das, was laut gesagt wurde, bekommt aber nicht mit, in welchen Kontext das Gesagte fällt. Beispiel: Ein Lehrer fragt seinen autistischen Schüler: „Was tust du, wenn du dich schneidest?" und der Schüler antwortet: „Bluten" (siehe Uta Frith). Hier hat der Schüler nicht verstanden, dass es dem Lehrer nur theoretisch darum ging zu erfahren, welche Aktion der Schüler durchführen würde, würde er bluten, nachdem er sich geschnitten hat.

Die Konzentration auf Einzelreize kann andererseits aber auch zu großen Begabungen führen. Viele Autisten haben ein sehr präzises Gehör und sind daher hervorragende Musiker. Für Techniker und Informatiker ist es vorteilhaft, wenn sie sich auf Details konzentrieren können. Auch Zeichner haben es dann leichter. Diese „Tunnelsicht" kann also aller Schwierigkeiten zum Trotz für die Betroffenen auch eine große Gabe sein.

An dieser Stelle sollte wohl spätestens gesagt werden, dass die beschriebenen Probleme nicht für alle Autisten gleichermaßen repräsentativ sind. Der eine hat weniger Probleme in der Zentralen Kohärenz als der andere. Auch die exekutiven Funktionen und Fähigkeiten zur Theory of Mind können sich stark unterscheiden. Jeder Mensch ist anders, ob mit oder ohne Autismus. Um aber im Sinne der für uns Menschen notwendigen Kategorisierung im Manual psychiatrischer Störungsbilder als autistisch zu gelten, muss eine bestimmte Anzahl von Symptomen vorhanden sein, die sich überwiegend aus den hier beschriebenen Bereichen Theory of Mind, Exekutive Funktionen, Zentrale Kohärenz und Wahrnehmungsbesonderheiten zusammensetzt.

4. Die Wahrnehmung

Wenn ein Mensch manche Reize ausblenden und andere Reize zu einem Ganzen kombinieren kann, dann ist dessen Wahrnehmung gut auf diese Welt abgestimmt. Es prasseln nämlich sehr viele Reize auf uns ein, die wir gar nicht wahrnehmen. Sie kennen sicher die Erkenntnisse über Farben und Geräusche, die nicht mehr in dem von uns wahrnehmbaren Spektrum liegen, die aber viele Tiere noch empfangen. Autisten nehmen einige dieser für uns verborgenen Reize ebenfalls wahr. Es kommt „alles" an und alles „gleich stark" so die Aussage vieler.

Man spricht im Zusammenhang von Autismus immer wieder vom „Overload" oder „Reizüberflutung". Das kann zum einen bedeuten, dass einem Autisten etwas zu laut ist, weil er vielleicht eine Hyperakusis hat, also überempfindlich in Bezug auf das Hören ist. Das Geschrei im Klassenraum, das einem lärmempfindlichen Kind zu viel wird, ist ein klassisches Beispiel. Aber es ist meistens noch mehr als das. Es ist die Unfähigkeit, Reize auszublenden, die wir automatisch als unwichtig erachten. Wir haben dafür einen Reizfilter, der zum Beispiel das Kratzen eines Stiftes während einer Klassenarbeit oder das Hüsteln eines Mitschülers ausblendet, während wir uns auf eine Arbeit konzentrieren müssen. Der Reizfilter sorgt auch dafür, dass wir in einem Einkaufszentrum, in dem viele hektisch umherlaufende, laute Menschen sowie die aus Geschäften dröhnende Musik für eine Flut von Reizen sorgen, immer noch imstande sind, das passende Geschäft zu finden, dort etwas einzukaufen und uns nebenbei auch noch mit jemandem zu unterhalten.

Bei Autismus funktioniert dieser schützende Reizfilter nicht gleichermaßen. Bei einem „Zuviel" an Reizen kann nicht immer zuverlässig unterschieden werden, was wichtig ist und was nicht.

Eine These besagt, dass durch die Flut an Reizen, welchen Autisten ausgesetzt sind, ihre Gegenstrategie darin besteht, einzelne Reize überzuselektieren, also als Schutzstrategie den Fokus auf einzelne Reize zu lenken. Die Detailversessenheit hätte dann hier ihre Ursache.

In Bezug auf die Sinneswahrnehmungen kann es bei Autisten nicht nur zu Überempfindlichkeiten, sondern auch zu Unterempfindlichkeiten kommen, das heißt, sie nehmen sie nicht so stark oder gar nicht wahr. Dadurch können sich für Autisten manche Gefahren vergrößern. Wenn ein Schmerzreiz kaum oder gar nicht im Gehirn „ankommt", es dem Kind zum Beispiel nicht wehtut, wenn es sich schneidet, dann versteht es auch nicht, dass es gefährlich ist, sich zu schneiden. Es sieht nur Blut aus einer Wunde tropfen, misst dem aber keine weitere Bedeutung bei. Es gibt viele Kinder, die daher erst viel zu spät zu einem Arzt kommen, weil sie ihre Schmerzen nicht oder nur wenig spüren und niemandem Bescheid sagen.

WEITERE BESONDERHEITEN DER REIZVERARBEITUNG

Aus den soeben beschriebenen Bereichen der Neuropsychologie (Theory of Mind, Exekutive Funktionen, Zentrale Kohärenz) sowie der besonderen Wahrnehmung ergibt sich, dass Menschen mit Autismus eine andere Reizverarbeitung haben. Kinder mit Autismus müssen das, was um sie herum in der Schule geschieht, sehr viel mühsamer als andere zusammenpuzzeln. Was bedeutet es, wenn auf einmal alle Kinder ihre Arme hochreißen und laut schreien? Was meint der Lehrer, wenn er sagt, sie können jetzt die Stifte zücken? Wenn die Lehrerin so lange und viel spricht, was ist davon eigentlich relevant und was nicht? Vielleicht hat das Kind den Anfang einer Aufgabenstellung längst vergessen, wenn Sie als Lehrer zu Ende gesprochen haben, weil die Reize viel länger brauchen, um im Gehirn sinnvoll kombiniert zu werden und antwortet oder agiert daher überhaupt nicht.

Manchmal kommt es zu „Output-Problemen". Ein Kind möchte etwas sagen oder tun, aber die Motorik gehorcht nicht. Der Kopf will im Sportunterricht zum Beispiel einen Ball fangen, aber die Hände und Arme machen nicht mit.

Daher sind viele Kinder mit Autismus – auch solche mit Asperger-Syndrom – oft nicht so gut in Sport. Sie können sich nicht koordinieren, also Hände und Arme, Beine und Kopf spielen nicht zusammen.

Manche Kinder im AS zeigen Stereotypien. Das sind immer wiederkehrende Verhaltensweisen, die oftmals beängstigend oder seltsam wirken. So können sie sich stundenlang um sich selbst drehen, sich mit dem Oberkörper hin und her wiegen, ewig den Wasserhahn auf- und zumachen oder mit den Händen oder anderen Dingen flattern und wedeln. Einige klackern mit bestimmten Gegenständen wie Türklinken oder Besteck. Andere schnüffeln unablässig an Dingen oder Personen und wiederum andere bohren sich die Finger dauernd in die Augen. Manche Kinder verletzen sich auch selbst, indem sie sich auf den Kopf schlagen oder sich selbst beißen. Nur weil diese Verhaltensweisen bei Betroffenen mit Asperger-Syndrom vielleicht seltener zu beobachten sind als beim Frühkindlichem Autismus, heißt es aber noch lange nicht, dass ein solches Verhalten beim Asperger-Syndrom nicht vorkommt. Auch Asperger-Autisten zeigen Stereotypien, wenn auch oft auf andere oder im sozialen Kontext kontrolliertere Weise.

Wahrscheinlich haben diese Stereotypien den Zweck, sich Reize zuzuführen, die angenehm erlebt werden. Bei den meisten Kindern ist das Empfinden über ihre Sinne stark ausgeprägt, sie genießen also zum Beispiel bestimmte Geräusche, zum Beispiel das fließenden Wassers. Einige Kinder schlagen sich selbst oder stoßen mit Körperteilen (zum Beispiel Kinn) gegen Gegenstände (zum Beispiel Tische). Solche Schmerzreize führen manchmal dazu, dass Stoffe im Körper freigesetzt werden, die glücklich machen. Oft sind solche Selbstverletzungen aber auch Ausdruck von Angst und Wut.

VERHALTENSWEISEN BEI AUTISMUS. HÜRDEN IM SCHULALLTAG. TIPPS UND TRICKS ZUM „BRÜCKENBAU"

1. STOLPERSTEINE WÄHREND DES UNTERRICHTS

1.1 Aufforderungen und Anforderungen

Julian (13 Jahre) hat überwiegend keine Lust, Aufgaben zu lösen oder sonstige Anforderungen zu erfüllen, die seine Lehrerin an ihn stellt. Er weigert sich, seine Jacke an den Haken zu hängen oder ein Aufgabenblatt zu lösen. Manchmal läuft er aus dem Raum. Seine Lehrerin ist verzweifelt, da sie nicht weiß, was sie tun kann.

Wenn ein Kind den Aufforderungen eines Lehrers nicht nachkommt, kann es sehr schnell zu einem strapaziösen Verhältnis zwischen diesem und seinem Schüler kommen. Solche Verhaltensweisen (Verweigern von Anforderungen gekoppelt mit „frechen Antworten") werden von den meisten Lehrern persönlich genommen. Wer will ständig mit einem Kind kämpfen, welches keine Lust hat, im Unterricht mitzumachen? Warum mit einem Kind streiten, welches von allen anderen Kindern stillschweigend akzeptierte, über Jahre etablierte und gut funktionierende Regeln in Frage stellt?

Kinder im Autismus-Spektrum handeln nicht, um Sie als Lehrer bloßzustellen, zu provozieren oder persönlich zu beleidigen. Sie agieren meistens ungeachtet der Empfindungen oder Befindlichkeiten anderer beziehungsweise sozialer Normen, da ihre mangelnden Theory-of-Mind-Fähigkeiten es nicht anders zulassen.

Das Kind, das Anforderungen an Unterrichtsstoff nicht erfüllt, ist meistens entweder unterfordert, überfordert oder nicht motiviert. Es kann auch sein, dass es die Aufforderung schlichtweg nicht verstanden hat. Das kann seine Ursache in einer verzögerten Reaktionszeit haben oder aber darin, dass es die Aufgabe wörtlich verstanden hat. Vielleicht ergibt die Aufgabe keinen Sinn. Wenn Sie als Kunstlehrer zum Beispiel sagen: *„Malt das Bild schön bunt aus!"*, dann kann das dazu führen, dass ein Kind mit Autismus nicht weiß, was Sie genau unter „schön" oder „bunt" verstehen. Meinen Sie viele Farben und wenn ja, welche? Oder meinen Sie, es soll alles gut ausmalen und nicht übermalen? Vielleicht weiß es nicht einmal, was alles genau zu diesem „Bild" gehört. Nur die gezeichneten oder abgebildeten Dinge oder auch der Hintergrund?

Eine für uns vollkommen verständliche Aussage kann ein autistisches Kind irritieren, da es Sprache oft wörtlich und kontextunabhängig versteht. Wenn es die Aufgabe nicht verstanden hat, fragt es selten nach. Das liegt zum einen daran, dass es aufgrund der Theory-of-Mind-Schwäche nicht davon ausgeht, dass andere ihm helfen können (im Sinne von: was ich nicht kann, verstehen andere auch nicht) oder aber, weil es bereits zu viele negative Erfahrungen mit Nachfragen gemacht hat. Vielleicht wurde es immer entgeistert angeschaut, wenn es (für andere selbstverständliche Dinge) gefragt hat, hat unfreundliche oder ungehaltene Kommentare daraufhin erhalten oder wurde schlichtweg für dumm gehalten.

Wenn es also die Aufgaben nicht vollständig oder nicht komplett verstanden hat und nicht nachfragt, kann es nicht handeln. Wenn es nicht handeln kann, steht das Kind vielleicht auf, möchte den Raum verlassen oder beginnt mit sonstigem, störenden Verhalten. Vielleicht sitzt es auch einfach nur da und tut gar nichts.

Die Aufgabe kann auch zu viele komplizierte Abfolgen oder Teilschritte enthalten, die das Kind nicht überblicken kann. Dann ist es überfordert mit der Aufgabe. Diese ist zu kompliziert, birgt zu viele einzelne Handlungsschritte, die die exekutiven Funktionen nicht koordinieren können. Die Aufgabe kann natürlich auch in sonstiger Hinsicht zu schwer für das Kind sein.

Es kommt aber auch oft vor, dass Kinder eine Aufgabe nicht lösen wollen, weil sie ihnen zu einfach erscheint oder weil sie wissen, dass sie einen anderen Lösungsweg gehen als erwartet. Da dieser andere Lösungsweg meistens zu schlechten Noten führt, geben Sie es auf, die Aufgaben überhaupt zu lösen, denn nicht alle Kinder im AS passen sich den Vorgaben der Lehrer in dieser Hinsicht an. Das geht oft auch gar nicht, da sie andere Denkstrategien anwenden und daher andere Lösungswege gehen. Wenn ein Lehrer eine Aufgabe stellt, die dem Kind zu trivial erscheint, kann es nicht verstehen, dass man die Aufgabe trotzdem lösen sollte, einfach, um zu zeigen, dass man es kann. Dass eine Lehrkraft denken könnte, das Kind sei kognitiv dazu nicht imstande (und diesem deshalb eine schlechte Note geben könnte), kann das Kind nicht bedenken. Dieses Phänomen kennen wir auch von hochbegabten Kindern, die aufgrund der Einfachheit von Aufgaben beginnen, störendes Verhalten (zum Beispiel unablässig mit dem Nachbarn zu reden) zu zeigen, weil sie nicht verstehen, dass sie zwar den anderen Kindern geistig überlegen sind, sie aber trotzdem zeigen müssen, was sie wissen, damit Lehrer ihre Fähigkeiten überhaupt bewerten können. Oder aber aufgrund des ständigen Gefühls von Langeweile innerlich abschalten, bis sie wirklich den Anschluss verpassen.

Häufig ist es auch so, dass Kinder im Autismus-Spektrum sich nicht für den Unterrichtsstoff interessieren. Sei es, weil sie ihn nicht verstehen oder sei es, weil sie einfach abgelenkt sind oder komplett andere Interessen haben und nicht einsehen, warum sie Dinge lernen sollen, die sie nicht wichtig finden. Dieses Phänomen ist auch von Kindern mit AD(H)S bekannt (es gibt bekanntlich viele Schnittmengen zwischen Autismus und AD(H)S). Julian (13 Jahre, Asperger-Syndrom) sieht überhaupt nicht ein, warum er etwas aus einer Zeit lernen soll, die längst vorbei ist. Geschichte ist ein absolutes Rätsel für ihn. Er lebt so im Jetzt, dass er es sinnlos findet, sich mit vergangenen Zeiten zu befassen. Er lernt für dieses Fach grundsätzlich nie. Till, sein Klassenkamerad, findet Geschichte zwar auch langweilig, aber er lernt, weil er eben muss. Außerdem versteht er zumindest ansatzweise, dass es sinnvoll ist, aus den Fehlern der Vergangenheit zu lernen. Das hat ihm sein Vater so erklärt und das sagt der Geschichtslehrer auch immer wieder. Till hat eine Ahnung davon, dass Dinge zusammenhängen und die Vergangenheit in der Gegenwart und/oder der Zukunft eine Rolle spielt oder spielen kann. Diese Zusammenhänge erkennt Julian nicht. Wenn es aber darum geht, etwas Technisches zu verstehen, ist er immer der Beste. Technik interessiert und motiviert ihn. Er kann jederzeit befragt werden, wenn ein Gerät nicht funktioniert. Auch Physik und Mathe kann er gut. Diese Fächer entsprechen seinem Hang zum logischen und faktenorientierten Denken.

Es gibt darüber hinaus auch Anforderungen, die in sozialer Hinsicht an die Kinder gestellt werden, wie zum Beispiel in Bezug auf Klassenordnung oder Klassenregeln. Oder es sind schlichtweg Aufforderungen wie das Fenster zu öffnen, die Tafel zu wischen oder nicht herum zu zappeln. Autistische Kinder reagieren auf solche Anforderungen beziehungsweise Aufforderungen manchmal aus unserer Sicht provokant oder ungezogen. In der Regel steckt aber auch hier ein Missverständnis hinter ihrer Nicht-Handlung oder einer „patzigen Antwort".

Aufforderungen, die beispielsweise als Fragen formuliert werden, kann das Kind nicht eindeutig verstehen. Wenn Sie also sagen: *„Julian, kannst du das Fenster öffnen?"* und das in einem fragenden Ton tun, dann wundert Julian sich vielleicht, warum Sie ihn (aus seiner Sicht) fragen, ob er (körperlich) imstande ist, ein Fenster zu öffnen. Er reagiert vielleicht überhaupt nicht auf die Frage, weil sie ihn gerade verwirrt oder antwortet mit: „Ja"- und tut nichts. In letzterem Fall versteht Julian nicht, dass Sie ihn im Unterricht sehr wahrscheinlich nicht unvermittelt fragen, ob er kognitiv oder physisch imstande ist, ein Fenster zu öffnen. Das würde einfach keinen Sinn ergeben, wenn es im Unterricht nicht gerade um physische Fähigkeiten in Bezug auf das Fensteröffnen oder um den technischen Mechanismus des Fensteröffnens geht.

Sollten Sie eine besonders höfliche Aufforderung stellen wollen und sagen dabei etwas wie: *„Julian, hast du Lust, die Tafel zu wischen?"*, bleibt Julian entweder ebenfalls einfach sitzen oder antwortet womöglich (ehrlich) mit *„Nein"*. Wenn er mit *„Nein"* antwortet, gehen Sie davon aus, dass er Sie provoziert hat oder frech war. Das ist aber nicht der Fall. Er antwortet nur ehrlich auf Ihre Frage, die er wortwörtlich verstanden und interpretiert hat. Dass er einer sozialen Erwartung nachkommen soll, auch wenn er keine Lust dazu hat, entgeht ihm komplett. Das passiert auch bei Zusatzaufgaben, bei denen Schüler eine schlechte Note ausgleichen können beziehungsweise etwas dazuverdienen können. Das heißt es ist fakultativ, muss also nicht gemacht werden, obwohl ein Schüler sich verbessern könnte.

Allerdings erlebt es Julians Lehrerin auch immer wieder, dass er sich nicht an bestimmte Regeln, die die ganze Klasse betreffen, halten will. Wenn Sie die Klasse auffordert, die Jacken an den Haken der Garderobe zu hängen, macht Julian nicht mit. Er bevorzugt es, seine Jacke über die Stuhllehne zu hängen. Nachfragen ergeben nur, dass er den Sinn der Regel nicht verstanden hat. Er weigert sich, etwas zu tun, weil es nicht verständlich ist, kein wirklich plausibler Grund erkennbar ist. Das ist ein weiteres Problem in der täglichen Arbeit mit vielen autistischen Kindern. Sie befolgen Regeln nur, wenn sie sie verstehen beziehungsweise für sinnvoll erachten. Können sie keinen sinnvollen Grund finden, befolgen sie sie nicht.

Tipps

Zunächst einmal sollten Sie sich die Mühe machen herauszufinden, warum das Kind die Anforderungen nicht erfüllt. Das ist zugegebenermaßen oft Sisyphusarbeit, allerdings lohnt sie sich.

Bei als Frage formulierten Aufforderungen

Bei den Aufforderungen, bei denen es um einfache Handlungen wie das Fenster schließen oder die Tafel wischen geht, können Sie darauf achten, dass Sie Ihre Aufforderung auch wirklich als solche formulieren. Stellen Sie also keine Frage, sondern geben Sie einen freundlichen „Befehl". *Sagen Sie also: „Julian, schließ (bitte) das Fenster!"* Wenn Sie dem Kind eine Frage stellen wollen, fragen Sie. Wenn das Kind aber einer Aufforderung Folge leisten soll, fordern Sie es auf! Das Kind kann Ihre Absicht nicht aus dem Kontext der Situation heraus erkennen, daher benötigt es *Klarheit in der Sprache.*

Befolgen von Regeln

Ähnlich verhält es sich mit den Regeln, die Sie im Alltag aufstellen, wie zum Beispiel die Jacken an den Garderobenhaken hängen. Auch hier benötigen die Kinder eine klare Ansage, was zu tun ist. Viele Kinder mit Autismus befolgen Regeln gern. Sie halten dann sogar andere Kinder dazu an, die Regeln zu befolgen. Bei vielen allerdings braucht es noch eine Sinnhaftigkeit. Da ihnen unsere Welt sowieso unverständlich erscheint, kommen ihnen auch die darin enthaltenen Regeln oft undurchsichtig vor. Einige verstehen nicht einmal, was eine Regel genau ist und wofür sie da ist. Hier sollten andere Helfer möglicherweise zunächst einmal mit dem Kind klären, warum es Regeln allgemein gibt.

Hat das Kind dann verstanden, wie es sich mit Regeln verhält, können Sie gezielt solche ansprechen, die zum Beispiel im Klassenraum gelten sollen. Dabei können Sie hinterfragen, ob Ihre Regel wirklich sinnhaft ist oder nicht. Vielleicht ist es nicht sinnvoll, alle Jacken an die Garderobe hängen zu lassen, weil Läuse schnell von einer Jacke zur anderen laufen können. Vielleicht können Jacken auf diese Weise auch schneller verwechselt werden, als wenn jede Jacke eines jeden Kindes über der Stuhllehne hängen würde. Vielleicht können Sie auch eine Ausnahme für das autistische Kind machen, sofern es Gründe hat, sich nicht an die Regel halten zu können.

Wenn Sie die Regel hinterfragt haben und der Ansicht sind, Ihre Regel ist sinnvoll und Sie wollen auch keine Ausnahme für das autistische Kind machen, dann sollten Sie Ihre Regel klar und deutlich formulieren. Zeigen Sie mithilfe Ihres Tonfalls und entsprechender Körperhaltung, dass Sie die Einhaltung der Regel für unabdingbar halten. Sagen Sie dem Kind, dass es vielleicht aus seiner Sicht nicht begründbar ist, dass Sie sich in dem Fall aber auch nicht erklären müssen. Es ist wie es ist. Wenn das Kind sich nicht an die Regel hält, kann es eine wie auch immer geartete Konsequenz geben.

In unserer Arbeit mit Kindern im Rahmen des sozialen Gruppentrainings haben wir das Thema „Regeln" immer ausführlich behandelt. Wir legten fest, dass es Regeln gibt, die fest stehen, an bestimmten Orten gelten oder auch mal gebrochen werden dürfen. Eine Regel, die fest steht, ist zum Beispiel die, dass man bei Rot an einer Ampel stehen bleiben muss. Da gibt es keinerlei Diskussionen darüber, da diese Regel niemals gebrochen werden darf. Eine Regel, die situationsgebunden ist, wäre beispielsweise die, dass man sich in der Schule meldet, um etwas zu sagen. Man meldet sich dagegen nicht zu Hause, wenn man reden möchte. Eine Regel, die auch mal gebrochen werden kann, ist natürlich Ansichtssache. Wir haben das Beispiel genommen, dass einige Autofahrer anderen ab und zu den Parkplatz wegschnappen oder dass Menschen sich im Supermarkt an der Kasse vordrängeln. Das sind Verletzungen sozialer Regeln, die nicht nett sind, aber ab und zu vorkommen.

Viele Kinder profitieren, wenn man die Straßenverkehrsordnung (StVO) als Grundlage nimmt, um Regelverständnis aufzubauen. Bestimmte Regeln funktionieren wie die Straßenverkehrsordnung: Sie sind Gesetz und man muss sie befolgen. Tut man das nicht, gibt es Unfälle oder mögliche Schäden, zum Beispiel im zwischenmenschlichen Verhältnis oder schlechte Noten (in Bezug auf Nichteinhalten von Hausaufgaben). Dieser Vergleich ist konkret beziehungsweise anschaulich und wird daher oft in der Förderung autistischer Kinder verwendet.

Wenn Sie ein Punktesystem mit dem Kind vereinbaren wollen, können Sie für die Einhaltung von Regeln Punkte geben. Für das Nicht-Einhalten der Regeln gibt es Punktabzug beziehungsweise für das Einhalten von Regeln (bessere Variante!) gibt es Punkte. Wenn das Kind eine gewisse Anzahl von Punkten gesammelt hat, kann es diese gegen etwas Schönes eintauschen. Das kann ein Privileg sein (zum Beispiel das Whiteboard einschalten zu dürfen, dem Hausmeister helfen) oder aber auch eine Belohnung in Absprache mit den Eltern des Kindes (zum Beispiel abends ausnahmsweise länger am PC spielen). Sie können Murmeln in einem Behälter sammeln, Aufkleber auf eine Pappe oder ein Papier kleben oder Spielgeld verwenden. Wir nennen diese Punkte auch „Tokens". Auf dieses verhaltenstherapeutische System gehe ich an diversen anderen Stellen erneut ein. In Bezug auf das Einhalten von Regeln hat es sich oft bewährt, gerade dann, wenn die Kinder die Regeln nicht verstehen oder als sinnlos erachten.

Motivationsprobleme

Weigert sich das Kind aufgrund von Motivationsproblemen, schulische Aufgaben zu erfüllen, gibt es verschiedene Möglichkeiten der Intervention. Auch hier spielt die „Sinnhaftigkeit" Ihres Wunsches, eine Aufgabe zu bewältigen, eine Rolle. Die Sinnhaftigkeit, Daten aus der Vergangenheit zu memorieren oder Gedichte aufzusagen, wird sich für einen Schüler im AS nicht immer erschließen. Er wird nicht von sozialen Vorstellungen beziehungsweise Konsequenzen oder Zukunftsplänen geleitet wie andere Kinder. Ob Sie es toll finden, was das Kind macht, ist für viele Kinder, die nicht auf soziales Lob reagieren, vollkommen irrelevant. Ob die Note, die das Kind für eine Arbeit bekommt, später für das Zeugnis und noch später für ein Studium bedeutsam ist, ist für die Kinder nicht abschätzbar und als Konsequenz nicht bedeutsam. Bringen die Kinder keine Motivation von innen heraus mit, sind sie in der Regel besser von außen lenkbar, das heißt mit den Dingen motivierbar, die für sie selbst wichtig sind. Das kann vieles sein, vor allem aber natürlich das, was sie am meisten interessiert oder das, was sie unbedingt haben oder tun wollen.

Man kann zunächst einmal also überlegen, ob der Unterrichtsstoff durch eine Motivationshilfe interessanter werden könnte. Hilft es, wenn Sie Aufkleber von Lieblings-Actionfiguren oder Autos auf die Schulhefte kleben? Können Sie mit Bällen statt mit Früchten die Mengen lehren, sollte das Kind Bälle lieben? Kann der Lieblingsmoderator ihres autistischen Schülers eine Zeitreise machen und über die Geschehnisse des alten Roms berichten? Die Spezialinteressen des autistischen Schülers lassen sich fast immer als Motivationsmotoren nutzen. Es ist leider oft zeitaufwendig, die Aufgaben dahingehend zu ändern, dass sie interessanter werden. Vielleicht kann Ihnen da ein Schulhelfer zur Seite stehen? Vielleicht profitieren ja sogar die anderen Schüler davon, wenn Sie herkömmlichen Unterrichtsstoff etwas mit Hilfe der Spezialinteressen des Autisten „aufpeppen" oder verändern.

Neuere Medien einzusetzen ist auch immer eine gute Idee, denn die meisten autistischen Kinder lieben Technik. Wenn Sie eine PowerPoint-Präsentation zu einem historischen Thema vorführen, die viele Bilder und einen kurzen Film aus dem alten Rom liefert, dann ist das nicht nur für Autisten besser vorstellbar und interessanter. Sehen Sie es so: Ein autistisches Kind in der Klasse bedeutet zwar viel Mehr-Arbeit, aber er oder sie kann Ihnen auch neue Wege aufzeigen, was bereichernd sein kann. Sollten Sie jetzt denken: *„Ja, so viel Mehr-Arbeit nur eines einzigen Autisten wegen!"*, dann entgegne ich: Sie haben sowieso mehr Arbeit mit einem autistischen Schüler[4], da die Integration eines Autisten meistens eine Herausforderung darstellt. Sie haben aber deutlich mehr Arbeit, wenn sie nicht auf ihn zugehen und keine neuen Wege gehen als wenn Sie hier und da diesen Schritt machen. Außerdem bleibt es vielleicht gar nicht nur bei diesem einen Autisten. Es könnten weitere folgen!

Aufgabenverständnis

Die Motivation eines Schülers im Autismus-Spektrum kann auch darunter leiden, dass Aufgabenstellungen nicht entsprechend seiner Denkprozesse gestellt werden. Aus diesem Grund ist es unverzichtbar, dass Sie zunächst (vielleicht mit Hilfe anderer Personen) herausfinden, welchen Denkstil Ihr Schüler mitbringt. Denkt er in Wörtern, Bildern oder gar Gefühlen? Nimmt er Informationen daher akustisch, visuell oder über Gefühle auf?

Wenn Sie eine Aufgabe stellen, ist nicht immer garantiert, dass ein Schüler im AS weiß, was Sie von ihm wollen. Vielleicht kann verbal vermittelte Information nicht gespeichert werden, sondern „rutscht" gleich wieder weg. Vielleicht sind die Denkprozesse für diese Form der Information zu langsam, so dass das Kind einfach nicht mitkommt. In diesem Fall wäre es besser, wenn Sie die Information beziehungsweise die Aufgabe verschriftlichen würden. Möglicherweise kann der Schulhelfer die gestellten Fragen mitschreiben (vielleicht sogar auf einem Laptop) und sie erneut schriftlich an das Kind richten. Das dauert natürlich immer etwas länger, so dass das Kind im

---

[4] Spätestens jetzt möchte ich darauf hinweisen, dass ich Schüler statt Schüler und Schülerinnen mit Autismus oder Autisten statt Autisten und Autistinnen schreibe, da die überwiegende Zahl Betroffener männlich ist

AS im Nachteil den anderen Kindern gegenüber ist. Auf alle Fälle gilt: Ein Kind, welches nicht auf Ihre Fragen reagiert, kennt nicht zwangsläufig die Antworten nicht!

Sehr viele Kinder im AS nehmen Informationen vorrangig über den visuellen Kanal auf. Sie merken sich Tafelbilder, Grafiken oder Fotos schnell und zuverlässig. Aus diesem Grund müssen viele von ihnen Tafelbilder auch nicht (immer) abschreiben. Die Informationen sind längst in ihrem Kopf. Diese Fähigkeit übersteigt die der meisten anderen Kinder bei Weitem. Während diese noch die Tafelbilder kopieren, ist das autistische Kind gedanklich längst woanders. Nach außen hin sieht es dann aber so aus, als wäre es unaufmerksam oder störe den Unterricht.

Eine Aufgabenstellung kann aber auch zu komplex für das Kind im Autismus-Spektrum sein. Wenn Sie eine Aufgabe stellen, die mehrere Schritte auf einmal beinhaltet, dann kommt es möglicherweise durcheinander, denn es möchte einen Schritt nach dem anderen abarbeiten. Dabei hält es sich wahrscheinlich schon in dem Moment auf, in dem es versucht herauszufinden, welche Schritte genau die Fragestellung enthält und wie welcher zu lösen ist.

Auch hier ist es ein Zuviel an Informationen, welches wahrscheinlich über einen Kanal kommt, der nicht der bevorzugte Kanal des Kindes ist.

Ein Kind im AS ist aber auch schnell überfordert, wenn die Aufgabe nicht verständlich genug formuliert wurde. Wenn Sie zum Beispiel im Kunstunterricht sagen: *„Jetzt betrachtet das Bild eine Weile und dann schreibt auf, was euch dazu einfällt"*, hat ihr autistischer Schüler schon verschiedene Probleme: Was bedeutet „eine Weile"? Wie lange ist das? Er kommt vielleicht gar nicht auf die Idee, es so lange zu betrachten, bis ihm einfällt, was er schreiben könnte. Aufgrund seines Autismus wäre hier eine klare Zeitangabe vonnöten. In der Aufforderung sind darüber hinaus ja mehrere Aufgaben versteckt. Erst betrachten, dann aufschreiben. Vielleicht bleibt beim Kind nur „Aufschreiben" hängen, weil „Betrachten" schon wieder weggerutscht ist. Hat das Kind aber nur den zweiten Teil der Aufgabe prozessiert, weiß es nicht, was es aufschreiben soll. Und nun das wahrscheinlich größte Problem: Was fällt ihm (dem Kind) zu dem Bild ein? Diese Formulierung könnte Angstschweiß auf die Stirn treiben. Es ist eine vollkommen unklare Aussage. Jedes andere Kind weiß, was damit gemeint ist: Gefühle, die beim Betrachten des Bildes aufkommen, Gedanken zu den Farben, die verwendet wurden, Assoziationen zu Erlebnissen, die das Bild auslöst. Mit all diesen Dingen kann ein Kind im AS aber möglicherweise überhaupt nichts anfangen.

Oder stellen Sie sich vor, es geht im Sachkundeunterricht um das menschliche Skelett. Sie haben den Kindern einen Arbeitsbogen gegeben, auf dem die einzelnen Knochen des Menschen durcheinander abgebildet sind. Sie sagen dann: *„Schneidet die Teile aus und klebt sie passend auf ein neues Blatt"*. Kein Problem? Für nicht-autistische Schüler sicher nicht, aber ein autistisches Kind wird möglicherweise alle Teile ausschneiden und einfach irgendwie auf ein neues Blatt kleben. Nicht in der korrekten Reihenfolge, also so dass es ein menschliches Skelett ergibt, sondern wieder wild durcheinander, eben so dass „es passt" (nämlich aufs Blatt). Hätten Sie eindeutig gesagt: *„Schneidet die Teile aus und klebt sie so wieder auf ein neues Blatt, dass sie das menschliche Skelett ergeben"*, würde das autistische Kind auch „korrekt" gehandelt haben. Aus seiner Wahrnehmung heraus hat es aber gar nicht „falsch" gehandelt, sondern gemacht, was Sie ihm - seiner Ansicht nach - gesagt haben.

Aus unserer Sicht macht es einfach keinen Sinn, Teile auszuschneiden und sie einfach nur wieder neu aufzukleben. Warum sollten Sie eine solche Aufgabe stellen? Es ergibt sich für die meisten anderen Kinder aus dem Sinnzusammenhang heraus, was sie tun sollen. Für ein autistisches Kind, welches Probleme mit Kohärenz (Sinnhaftigkeit, Zusammenhangsdenken) hat, tut es das nicht.

1.2 Das Kind gibt freche Antworten

Julian (13 Jahre) kommt nur selten Anforderungen nach. Manchmal gibt er der Lehrerin freche Antworten. So bat sie ihn neulich, den Stift aus dem Mund zu nehmen und er antwortete, dass er nur die Spitze im Mund hatte. Seine Lehrerin war empört, schickte ihn aus dem Raum und trug sein Verhalten als „renitent" ins Klassenbuch ein.

Es gibt zahlreiche Verhaltensweisen autistischer Kinder, die Lehrer im Unterricht als frech, provozierend oder unhöflich empfinden können. Die meisten dieser Verhaltensweisen haben keine böse Absicht zur Grundlage. Besonders unverständlich für die meisten Menschen sind Antworten, die aufgrund der Schwäche, Sprache in einen Kontext einzubinden, gegeben werden. Das sogenannte „wortwörtliche Verständnis" von Sprache kann streckenweise wie eine Veralberung von Personen wirken. Wenn Sie beispielsweise sagen: „Du bringst mich auf die Palme." und das autistische Kind antwortet ohne mit der Wimper zu zucken: „Hier gibt es keine Palme.", dann spüren Sie doch sicher die Wut in sich hinaufkriechen. Nicht selten kommt dann: „Du willst mich veralbern.", was das Kind dann aber wahrheitsgemäß abstreitet. Es versteht es wirklich wörtlich und bedenkt den Kontext so wenig, dass es gar nicht auf die Idee kommt, dass diese Antwort für andere komplett abwegig und provozierend wirkt.

Auch Julian (13 Jahre) hat keine patzige Antwort gegeben, sondern die Aussage seiner Lehrerin lediglich präzisiert, wie es autistischen Menschen eigen ist, die Faktenliebhaber sind. Er hatte nicht den Stift im Mund,

37

sondern nur die Stiftspitze. Die Lehrerin war empört, Julian aber vollkommen konsterniert ob der Tatsache, dass er für diese Antwort bestraft wurde. Er war doch aus seiner Sicht im Recht! Auch hier hat Julian Sprache wörtlich genommen, und zwar sehr genau.

Tipps

Versuchen Sie, im Unterricht klar und deutlich zu sprechen, so dass ein Kind im AS Sie verstehen kann, wenn Sie direkt mit ihm reden. Vermeiden Sie Redewendungen, Ironie, Sarkasmus, Metaphern oder Doppeldeutigkeiten von Sprache. Zumindest sollten Sie diese Stilmittel der Sprache begleitend erklären. Wenn Sie eine Antwort bekommen, die Sie als provokativ empfinden, überlegen Sie zunächst eine Sekunde, ob das Gesagte nicht aufgrund eines falschen Verständnisses Ihrer Aufforderung verursacht worden sein könnte. Es besteht auch die Möglichkeit, dass die Kinder mit Wörtern um sich werfen, die sie sich von anderen Kindern abgehört haben und nun unreflektiert wiedergeben. Wenn ein Kind Sie also mit einem Schimpfwort tituliert, dann könnte es sein, dass es die Bedeutung des Wortes überhaupt nicht kennt. Es hat vielleicht nur mitbekommen, dass es von jemandem gesagt wurde, als dieser wütend war oder etwas nicht tun wollte. Viele Kinder sind auch hier – wie im sozioemotionalen Bereich – viele Jahre in ihrer Entwicklung hinterher. Von kleinen Kindern kennen wir das auch, dass sie „Schlampe" oder „doofe Kuh" zur Mutter sagen, weil das irgendwo aufgeschnappt wurde.

Wir kennen auch Sätze wie: „Ich bring mich um.", wenn ein Kind nicht mehr weiter weiß. Das bedeutet zum Glück in den seltensten Fällen, dass das Kind suizidale Absichten hegt, aber es drückt die Verzweiflung des Kindes aus, weil es nicht weiß, was von ihm erwartet wird.

All diese Äußerungen sind also keine Provokationen, sondern Ausdruck von Hilflosigkeit oder falschem Verständnis von Sprache im jeweiligen Kontext.

Sie können das Kind auch ganz direkt fragen: „Sag mal, wie hast du das gerade mit der Stiftspitze gemeint? Wolltest du mich mit dieser Aussage ärgern?". Wahrscheinlich hätte Julian der Lehrerin ebenso ehrlich geantwortet: „Ärgern? Wieso? Ich hatte doch nur die Spitze im Mund und nicht den ganzen Stift.". Über die Unterstellung der Lehrerin (aus seiner Sicht) wäre er wahrscheinlich genauso verärgert gewesen wie sie über seine vermeintlich provokante Antwort.

Es ist darüber hinaus empfehlenswert, dem Schüler nachher die sozialen Hintergründe unbedingt zu erklären, damit er die „Geschichte hinter der Geschichte" begreift und lernen kann. Sie könnten also beispielsweise sagen, dass es im alltäglichen Sprachgebrauch irrelevant ist, ob man vom „Stift" oder der „Stiftspitze" spricht, da dieses Detail (Spitze) normalerweise von den meisten Menschen übergangen wird. Sie betrachten den Stift als Ganzes und benötigen keine Zusatzinformationen, welcher Teil des Stiftes herausgenommen werden soll.

1.3 Wenn das Kind dazwischen redet oder andere korrigiert

Ludwig (12 Jahre) äußert ungefragt seine Meinung zu Inhalten, die gerade im Unterricht thematisiert werden und nicht selten korrigiert er ebenso ungefragt seine Lehrer, wenn sie Rechtschreib- oder kleine inhaltliche Fehler machen. Dieses ständige „Dazwischen-Reden" und Korrigieren geht seinen Lehrern langsam ziemlich auf die Nerven.

Sie kennen das wahrscheinlich von kleinen Kindern, dass sie ständig „dazwischen reden" und Ihnen so manches Mal (oft in unpassenden Augenblicken) darlegen, dass Sie in dem einen oder anderen Punkt nicht ganz richtig liegen. Vierjährige sind wahnsinnig stolz, wenn sie etwas wissen, was zum Beispiel Mama nicht ganz genau weiß (einen Liedertext, etwas das die Erzieherin ihnen vor kurzem beigebracht hat) und was sie dann klarstellen können. So ähnlich ist es mit Kindern im Autismus-Spektrum. Die Fähigkeit, sich in andere Menschen hineinzuversetzen, ihre Gefühle zu berücksichtigen und sich an soziale Regeln zu halten, setzt bei ihnen verspätet ein.

Ein vierjähriges Kind, welches „dazwischen redet", kann folgendes nicht berücksichtigen[5]:

- Mama spricht gerade mit Papa und sie kann nur mit ihm reden, wenn ich nicht rede.
- Ein Gespräch besteht aus Fragen und Antworten und auch Papa kann nur antworten, wenn ich nicht gleichzeitig spreche.
- Mama und Papa interessiert gerade vielleicht gar nicht, was ich zu sagen habe.
- Mein Gesprächsbeitrag passt gar nicht zu ihrem Gespräch.
- Mama wird wütend, wenn sie nicht in Ruhe ihren Satz aussprechen kann.
- Papa ist auch genervt, wenn Mama nicht ausreden kann usw.

Das Kind hat ein Bedürfnis, es möchte etwas sagen. Es möchte die Aufmerksamkeit der Mutter bekommen. Der einfachste Weg, dieses Ziel zu erreichen ist, „drauf los" zu

---

[5] Es gibt natürlich Unterschiede zwischen 4jährigen Kindern in ihrer kognitiven Entwicklung

reden. Warum die Mutter dann schimpft und der Vater gestresst ist, ist dem Kind meistens noch gar nicht bewusst. Es hat die Regel „Man darf erst etwas sagen, wenn ein anderer eine Pause macht und im Idealfall sollte der Beitrag zu dem bestehenden Gespräch passen" noch lange nicht verinnerlicht. Auch kann es die damit einhergehenden Gefühle der Eltern nicht (oder noch nicht komplett) nachvollziehen.

Ein Kind im Autismus-Spektrum, welches einen unaufgeforderten Redebeitrag im Unterricht leistet, ist auf einem ähnlichen Entwicklungsstand wie ein kleineres Kind, welches noch keine voll ausgeprägte Theory of Mind hat (einige Quellen sagen, dass die ToM in etwa mit neun Jahren voll entwickelt ist). Vielleicht hat es nicht einmal die Regel „Wer im Unterricht etwas sagen will, meldet sich" verinnerlicht.

Ein Unterschied besteht aber: Die Redebeiträge der Kinder im AS passen im Unterricht in der Regel zum Unterrichtsstoff. Die Kinder antworten entweder auf Fragen, die ein Lehrer der ganzen Klasse gestellt hat, ohne abzuwarten, wen der Lehrer zum Beantworten der Frage aufruft. Oder sie kommentieren das vom Lehrer Gesagte oder fügen unaufgefordert weitere aus ihrer Sicht relevante Details zu seinem Beitrag hinzu.

Das autistische Kind berücksichtigt ebenso wenig wie das kleinere Kind, dass es erst reden darf, wenn es dazu aufgefordert wird. Es berücksichtigt auch nicht, dass das bereits Gesagte aus Sicht des Lehrers ausreicht – sonst hätte er weitere Details zugefügt. Das Kind weiß nicht, dass der Lehrer auch noch viel mehr zu dem Thema weiß, aber bewusst entschieden hat, den Stoff der Einfachheit halber zu reduzieren. Das Kind weiß nicht, dass der Lehrer aus seiner Sicht Überflüssiges oder Unwichtiges bereits gefiltert hat. Das Kind denkt, alles was es dazu weiß, muss ebenfalls beigetragen werden, sonst ist alles „nicht komplett". Kinder im AS filtern Informationen im

Allgemeinen nicht wie andere Kinder, so dass sie meistens viel zu viele Informationen sammeln (zumindest für die Anforderungen in der Unterrichtssituation, aber oft auch in weiteren Bereichen), da sie sich schwer auf das Wesentliche konzentrieren können.

Die Kinder berücksichtigen auch nicht, dass es andere Kinder oder Lehrer stört, wenn sie ihr Wissen, welches meistens „zu viel des Guten" ist, kundtun. Sie haben die Gefühle oder Gedanken anderer (nicht-autistischer Personen) nicht parat. Aus ihrer Sicht gestaltet sich die Situation wie folgt:

- Lehrkraft erzählt etwas zum Thema X. Das ist interessant.
- Lehrkraft hat ein wichtiges Detail vergessen.
- Das wichtige Detail gehört dazu und ich muss es hinzufügen. Und zwar sofort!

Sehr ähnlich ist es beim Korrigieren von (vermeintlichen oder wirklichen) Fehlern. Wenn das Kind Sie ungefragt korrigiert, geschieht es auf keinen Fall aus Bosheit. Es möchte Sie nicht bloßstellen oder sich damit brüsten. Es möchte auch die anderen Kinder nicht gegen Sie aufstacheln. Es möchte einfach einen Fehler korrigieren. Das ist alles. Dass all diese eben genannten Gefühle dadurch bei Ihnen ausgelöst werden könnten, darüber denkt das Kind im AS nicht nach. Es kommt einfach nicht auf die Idee, dass Sie peinlich berührt sein, sich ärgern oder in Ihrer Autorität infrage gestellt werden könnten. Diese Gefühle sind dem Kind im AS in diesem Zusammenhang fremd. Es kann sich einfach nicht in Ihre Perspektive hineinversetzen. Aus Sicht eines Menschen mit AS müssen darüber hinaus „Dinge" meistens korrekt sein. Fehler können sie schwer hinnehmen, vor allem nicht, wenn es um Fakten und Themen geht, die sie interessieren. Aber auch ohne ein Interesse am Thema geht es ihnen in der Regel um Korrektheit. Ihr Denken ist sachlich und faktenorientiert und sehr korrekt, was an diversen anderen Stellen zu einem großen Vorteil gedeihen kann.

Tipps

Ungefragte Meinungsäußerung im Unterricht

Sie sollten zunächst herausfinden, ob das Kind die Regel „Ich muss mich melden, wenn ich etwas sagen möchte" beherrscht. Wenn nicht, ist das Etablieren dieser Regel die erste Aufgabe, um ein „dazwischen reden" zu vermeiden. Sie können das Erlernen dieser Regel durch eine visuelle Hilfe unterstützen. Vielleicht machen Sie ein Foto des Kindes, während es sich meldet und legen dieses Foto auf seinen Tisch im Unterricht. Bitte beachten Sie aber, dass das Kind, je schwerer sein Autismus ausgeprägt ist, möglicherweise auf Details guckt und diese für das Befolgen dieser Regel heranzieht. Beispiel: Sie fotografieren das Kind in einem roten Pullover, während es sich meldet. Das Kind könnte daraus schließen, dass es sich nur dann melden muss, wenn es einen roten Pullover trägt. Sie könnten stattdessen eine Zeichnung (schwarz-weiß) nehmen oder ein Piktogramm eines Kindes, welches sich meldet. Wenn es das Kind schafft, sich immer zuerst zu melden, bevor es etwas sagt, kann es Punkte sammeln (Aufkleber, Murmeln, Spielgeld) und diese am Ende des Schultages (oder wann auch immer Sie entscheiden, dass es dies tun darf) gegen eine kleine Belohnung eintauschen.

Im Anschluss könnte es sein, dass Sie dem Kind erklären müssen, dass man nicht jedes Mal, wenn man sich meldet, auch aufgerufen wird. *Sie* sind die Person, welche entscheidet, wer wann und wie lange dran ist. Das ist ebenfalls eine Regel, die man verbal und schriftlich formulieren kann. Es kann sehr schwer für das Kind werden, sich nicht jedes Mal äußern zu dürfen. In diesem Fall müssen Sie (oder die Schulbegleitung) ihm ebenfalls erläutern, dass es im Unterricht für Lehrer und Schüler nicht immer darauf ankommt, vollständige Information zu Sachverhalten zu bekommen.

Vielleicht wird es sogar notwendig, die Zeit zu begrenzen, die ein Kind hat, um zu antworten, damit es nicht zu lange spricht. Auch hier könnte eine klare Regel helfen: „Wenn du dran bist, darfst du maximal x Minuten sprechen".

Sie könnten einen Time-Timer kaufen [6] oder eine Eieruhr als Zeithilfe benutzen. Bei einem Time-Timer verläuft eine rote Fläche entlang einer Uhr, die anzeigt, wie viel Zeit einem noch zur Verfügung steht. Je mehr Zeit abläuft, desto geringer wird die sichtbare rote Fläche auf der Uhr.

Dieses Vorgehen mag Sie befremden. Jemanden auf eine bestimmte Anzahl von Minuten im Reden zu begrenzen, kommt uns vielleicht sehr rigide oder in die Persönlichkeit eingreifend vor. Allerdings sollte bedacht werden, dass der Unterricht für die anderen Kinder wie gewohnt weiterlaufen muss und ständige Unterbrechungen für sie irgendwann schwer erträglich werden. Ihre Maßnahme schützt also die anderen Kinder. Außerdem ist es auch für das autistische Kind eine Hilfe zu wissen, dass es sich begrenzen muss. Das ist ein Lernprozess. Es wird dem Kind im Leben noch oft passieren, dass Menschen ausufernde Vorträge, gespickt mit vielen (aus nicht-autistischer Sicht) unnötigen Details langweilig finden und das Kind links liegen lassen. Es schützt also auch das Kind vor unangenehmen sozialen Erfahrungen, wenn es frühzeitig weiß, dass es nicht zu allem immerzu und ausgedehnt etwas beitragen muss.

---

[6] Mittlerweile auch als App erhältlich. Der Schulbegleiter könnte die App auf x-Minuten stellen und die visuelle Hilfe zeigt dem Kind, wie lange es sprechen darf.

Eine andere Regel, die damit einhergeht lautet: „Man redet nicht, wenn andere reden!"

Zeigen Sie dem Kind (möglichst im Rollenspiel) auf, dass es leise sein muss, wenn eine andere Person spricht und auf eine Pause warten soll, bis es selbst etwas sagen kann. Versuchen Sie, mit Hilfe des Schulhelfers, diese Regel in den Unterricht zu übertragen. Solange ein Lehrer spricht, spricht das Kind nicht. Solange ein anderes Kind spricht, spricht das autistische Kind auch nicht.

Wenn Sie diese Regeln aufgestellt haben, können Sie sie mit Hilfe des Verstärkersystems unterstützen. Verstärken Sie aber anfangs am besten immer nur eine oder zwei Regeln. Fangen Sie mit einer Regel an und sobald diese klappt, führen Sie die Nächste ein. Das mag alles eine Weile dauern, aber wenn Sie konsequent verstärken und das Kind sich an alle Regeln halten muss (am besten auch in allen Schulfächern bei allen Lehrkräften), wird es bestimmt von Erfolg gekrönt sein.

Im Idealfall leistet das Kind einen (aus Ihrer Sicht) passenden Beitrag auf Ihre Frage. Vielleicht kommen aber auch Ausschweifungen, die Sie (und die Schüler) als zu minutiös empfinden oder die aus Ihrer Sicht am Thema vorbeigehen. Wie bereits gesagt, entspricht der Detailreichtum autistischem Denken. Für das Kind ist der Beitrag nicht irrelevant, sondern wichtig. Versuchen Sie, das Zugefügte nicht nur mit ihrem „nicht-autistischen" Blickwinkel, sondern auch durch eine „autistische Brille" zu bewerten. Sie könnten das Kind zum Beispiel nach dem Unterricht kurz zu sich bitten, um seine Einschätzung zu hören und ihm damit das Gefühl geben, wichtig zu sein beziehungsweise Wichtiges zu sagen zu haben. Vielleicht versteht es, dass eine Schulstunde nicht ausreicht, um all das, was es weiß, unterzubringen. Die Begrenzungen, die Sie durch „Redeverbot" auferlegen, können dann an anderer Stelle durch anerkennendes Verhalten ausgeglichen werden.

Andere korrigieren

Wenn Sie verstehen, warum das Kind im AS andere korrigiert (um den Fakt klarzustellen und nicht, um Sie persönlich anzugehen), werden Sie diese Kritik wahrscheinlich weniger persönlich nehmen. Fühlen Sie sich bitte nicht in Ihrer Autorität untergraben oder vor den anderen Schülern bloßgestellt. Sie können im Vorfeld mit der Klasse darüber sprechen, dass es vorkommen kann, dass Ihr Schüler korrigierend in Ihre Ausführungen eingreift, Sie diese aber nur dann beachten werden, wenn auch Sie sie als relevant empfinden. Auf diese Weise haben Sie Ihre Autorität bewahrt und entscheiden selbst, ob Sie auf den Kommentar eingehen oder nicht. Sie können diese Regel vorab mit dem Kind besprechen, so dass es weiß, dass Sie immer dann darauf eingehen werden, wenn Sie es als relevant empfinden, die Korrektur aber übergehen, wenn Sie denken, sie sei an dieser Stelle und zu diesem Zeitpunkt fehl am Platze. Das Kind sollte lernen, mit solchen Situationen umzugehen, denn es gibt Menschen, die auf Kritik (zum aus ihrer Sicht falschen Zeitpunkt) empfindlich reagieren. Wenn das Kind diese Lektion im Unterricht lernt, ist es für die Universität oder andere Situationen im Leben gut vorbereitet. Vielleicht lernt er oder sie auf diese Weise auch, nicht alles zu korrigieren, sondern auszuwählen. Etablieren Sie bitte auch die Regel, dass das Kind sich vorab melden muss, um Sie zu korrigieren. Wenn Sie es aufrufen, darf es korrigieren, wenn nicht, darf es das nicht tun.

In vielen Fällen ist das Aufzeigen eines „Fehlers" mit großer Wahrscheinlichkeit korrekt. Die Frage ist, ob wirklich jeder Fehler korrigiert werden muss, da es sich manchmal um Schussel-Fehler oder Kleinigkeiten handelt, die die meisten anderen unbeachtet lassen würden. Die meisten Schüler wissen, dass ihr Lehrer weiß, wie man „Mensch" schreibt und sehr wahrscheinlich dieses Mal einfach nur das „s" vergessen hat. Diese Unterschiede macht ein Kind im AS nicht. Ein Fehler ist ein Fehler und muss korrigiert werden. Auch wenn Sie das Wort „Mensch" zuvor tausendmal korrekt geschrieben haben, an dieser Stelle haben Sie einen Fehler gemacht und dieser muss berichtigt werden.

Sehen Sie es positiv: Das Kind spornt Sie an, wenig Fehler zu machen. Sehen Sie es als Herausforderung, der Sie sich mit Freude stellen. In meinen Sozialen Trainingsgruppen für Kinder und Jugendliche im Autismus-Spektrum nahmen zu einem gewissen Zeitpunkt Zwillinge teil, deren Spezialinteresse die deutsche Sprache, inklusive Grammatik war. Ich wurde von ihnen (zu Recht) korrigiert. Ihre Korrekturen waren mir anfänglich unangenehm, aber nach einer Weile sah ich die Fähigkeit der Kinder, sich korrekt auszudrücken, als große Gabe. Ich versuchte sie anzuspornen, etwas in der Richtung zu studieren oder Bücher zu schreiben. Allerdings ist es in diesem Fall so, dass die Korrekturen eine erwachsene Frau mittleren Alters getroffen haben und keine deutlich jüngere Person. Wenn die Zwillinge andere Kinder in der Gruppe korrigierten, reagierten diese zum Teil gereizter als ich.

Wenn das Kind im AS also andere Kinder korrigiert, wirkt sich das auf die Gemeinschaft aus. Das Kind wird in den meisten Fällen als unangenehm und besserwisserisch erlebt. Kinder mögen es nicht, wenn andere Kinder ihnen (zum Teil ständig) ihre Fehler vorhalten. Wer möchte schon als Trottel empfunden und dargestellt werden? So ergeht es aber vermutlich den Kindern im AS ebenfalls mehrmals am Tag. Immer wenn sie eine Frage nicht „korrekt" beantwortet haben, in ihrem Redeschwall unterbrochen, in ihren Routinen gestört oder in ihrem Denken oder Verhalten auf sonstige Weise infrage gestellt werden – immer dann fühlt ein Kind im AS sich ebenfalls defizitär. Vielleicht möchte es manchmal mit seinen

Korrekturen auch nur aufzeigen, dass es etwas richtig gut kann und den anderen in diesem Bereich überlegen ist.

Wenn Sie das Kind mehrmals dafür loben (statt sich angegriffen zu fühlen), wie toll es den Fehler gefunden hat und wie gut es über das Thema Bescheid weiß, stärken Sie sein Selbstwertgefühl. Es ist aus meiner Sicht sehr wichtig, den Kindern im AS wieder und wieder zu sagen, was sie toll machen, worin sie gut sind und was Sie persönlich an ihnen schätzen. Die Kinder bauen dann in der Regel eine gute Beziehung zu Ihnen auf und ist diese erst einmal etabliert, kann sie so schnell auch nicht mehr zerstört werden. Sie werden sehen: Auch (oder sogar gerade bei) Kindern im AS ist eine gute persönliche Beziehung zu den Lehrkräften von entscheidender Bedeutung. Fühlen die Kinder sich angenommen und verstanden, sind sie sehr viel eher bereit, auch Ihre Anforderungen zu erfüllen oder Ihnen (zum Beispiel beim Korrigieren) entgegenzukommen. Die Zeit, das Kind zu verstehen, sollten Sie sich nehmen. Je eher Sie es verstehen, umso besser die weitere Zusammenarbeit und die Klassengemeinschaft.

1.4 Zappeln, Weglaufen, Schreien und Co

Ramona (9 Jahre) kann einfach nicht still sitzen. Sie zappelt auf ihrem Platz herum, steht manchmal unvermittelt auf und verlässt den Klassenraum, ohne zu fragen. Ihre Schulhelferin läuft ihr regelmäßig hinterher. Es kommt auch vor, dass Ramona während des Unterrichts vom Platz aufsteht, zu einem Mitschüler oder einer Mitschülerin geht und versucht, ein Gespräch anzufangen oder dass sie laut vor sich hin redet und „merkwürdige" Geräusche macht. Manchmal schreit Ramona aber auch laut oder wirft Gegenstände vom Tisch. Das macht den Mitschülern und Lehrern Angst. Unterricht ist auf

diese Art fast gar nicht mehr möglich und die Klassenleh-
rerin erwägt, Ramonas Eltern zu einer ernsthaften Un-
terredung einzuladen.

Sogenanntes „Störverhalten" im Unterricht kann ganz
verschiedene Formen annehmen. „Störverhalten" wird es
deshalb genannt, weil es andere Kinder beim Lernen stört
beziehungsweise den Lehrer daran hindert, seinen
Unterricht angemessen durchführen zu können. Kinder, die
„stören", sind laut, unruhig, fallen dem Lehrer oder
Mitschülern ins Wort, singen oder summen vor sich hin,
laufen umher oder hinaus, fegen gar Unterrichtsmaterialien
vom Tisch oder „randalieren" in manchen Fällen sogar,
indem sie Tische oder Stühle umwerfen oder andere Kinder
schlagen, treten oder schubsen.

Lehrer sind im Zuge der Vermittlung von
Unterrichtsstoff darauf angewiesen, dass Schüler
weitestgehend still sitzen, zuhören und ihre Anweisungen
befolgen. Die meisten Kinder fügen sich diesen
Anforderungen, da sie von sozialen Konsequenzen geleitet
werden und/oder eine Eigenmotivation zum Lernen
mitbringen.

Kinder im Autismus-Spektrum passen sich nicht an.
Das tun sie allgemein gesehen nicht und somit auch nicht
im schulischen Kontext. Sie verhalten sich in den meisten
Fällen nicht so, weil sie mit Absicht stören oder
„dagegen" sein möchten, sondern weil sie nicht anders
können. Teilweise sind sogar regelrechte Leidenszustände
die Ursache für ihr störendes Verhalten. Ihr Verhalten zeigt
uns, dass das Lernumfeld für sie ihrerseits „störend" oder
beängstigend ist. Es ist laut im Klassenraum, es riecht
vielleicht nach Schweiß oder Parfüm, an der Decke
flackern Neonröhren, draußen vor dem Fenster weht ein
kräftiger Wind, vor der Klassenzimmertür schreit ein Kind
oder ein Lehrer, jemand schiebt seinen Ranzen auf dem
Fußboden umher und dann steht vorne ein Lehrer und

erzählt etwas, was man sich merken soll, oder stellt (komische) Fragen. Es gibt für Befindlichkeiten der Kinder im Zuge solch eines Reizsammelsuriums Begrifflichkeiten wie **Overload**, **Meltdown** und **Shutdown**[7].

Ein Overload ist eine komplette Reizüberflutung. Menschen im AS nehmen deutlich mehr Reize bewusst wahr als andere (siehe Gee Vero[8]) und haben dadurch einen deutlich höheren Energieverbrauch, da es Kraft kostet, mit der Flut an Reizen umzugehen. Eine Reizüberflutung kann auch durch Reize von innen entstehen, also zum Beispiel durch sich aufstauende Gedanken oder Gefühle. Ein Meltdown ist die Folge eines solchen Overloads, wenn ein Kind keine Rückzugsmöglichkeiten bekommt. Statt Meltdown kann man auch Kernschmelze oder Wutausbruch sagen. Lautes Schreien oder Werfen von Dingen oder gar mit dem Kopf gegen eine Wand schlagen, können Folgen eines solchen Overloads sein. Ein Shutdown kann eine Folge eines Meltdowns sein oder eine weitere Folge der Reizüberflutung. Bricht das Kind nicht in einen Wutanfall aus, zieht es sich im Fall eines Shutdowns in sich zurück, schaltet komplett ab und ist dann vielleicht nicht mehr ansprechbar.

Aber auch nicht verstandene Anforderungen oder Aufforderungen, fehlende Struktur im Unterrichtsgeschehen, Motivationsprobleme sowie interne Reize wie ablenkende Gedanken oder nicht steuerbare Impulse können zu einem Störverhalten führen. Ein Kind, welches permanent überfordert oder unterfordert ist, wird sich „nervig" verhalten. Es zappelt, stänkert, langweilt sich oder fühlt sich hilflos den Anforderungen ausgeliefert. Vielleicht schreit es laut auf. Vielleicht schlägt es andere. Vielleicht rennt es einfach raus.

---

[7] Siehe dazu ellasblog.de
[8] Gee Vero. Autismus – (m)eine andere Wahrnehmung. 2014

Da Kinder im AS weniger als andere durch äußere Regeln oder soziale Konsequenzen lenkbar sind, geben sie spontanen Gedanken oder Impulsen nach. Vielleicht hört ein kleineres Kind vor dem Fenster ein undefinierbares Geräusch und muss daraufhin dringend nachschauen, was dieses Geräusch verursacht hat. Oder ein Kind verfolgt während des Unterrichtsgeschehens einen Gedanken bezüglich der Schwerkraft und muss durch Werfen eines Gegenstandes (mitten durch die Tischreihe der anderen Kinder) herausfinden, wie diese funktioniert. Wenn es etwas sieht oder hört, was seine Aufmerksamkeit absorbiert, kann das Kind diesen Reiz nicht zugunsten eines anderen zurückstellen und sich „angemessen" verhalten. Eine Bedürfnisaufschiebung ist hier – wie bei einem kleinen Kind – nicht möglich. Auch Kleinkinder scheren sich noch nicht darum, wie ihr Verhalten auf andere wirkt oder was es auslöst. Sie tun, was ihnen in den Sinn kommt und lernen erst im Laufe der Zeit, sich durch soziale Anforderungen oder Regeln lenken zu lassen und ihr Verhalten entsprechend zu modulieren. Dabei spielt es eine große Rolle, dass sie wissen, dass andere Menschen Gefühle haben, die sich von ihren eigenen unterscheiden und dass man auf diese Gefühle Rücksicht nehmen sollte. Sie wissen, dass es Regeln gibt und man sich an diese halten oder einen Nachteil in Kauf nehmen muss. Sie passen sich und ihre Gefühle im Verlauf der Jahre denen anderer Menschen an, experimentieren damit und werden zu guten „intuitiven Psychologen".

Tipps

Der erste Schritt im Umgang mit einem solchen „Störverhalten" im Unterricht erfolgt über das Verständnis dafür, dass das Kind Ihnen in den seltensten Fällen persönlich eins auswischen möchte. Es ist auch nicht hoffnungslos unerzogen oder respektlos. Auch wenn das Verhalten darauf schließen lässt, das Kind ist eher hilflos als absichtlich bösartig oder selbst- und fremdschädigend.

Ist eine Gruppensituation überhaupt für ein Kind im AS geeignet? Schulklassen sind Gruppen. Es ist dort immer laut, voller Menschen und es werden Lernstile bevorzugt, die vielen Autisten nicht entgegenkommen. In Einzelsituationen ist deutlich seltener ein solches „Störverhalten" zu beobachten als in Gruppensituationen. Gruppen erfordern soziales Geschick und Anpassungsfähigkeit. Um mit diesen Bedingungen klarzukommen, müssen die Kinder im AS täglich eine große Anstrengungsleistung erbringen. Manche sind davon so erschöpft, dass sie irgendwann im Verlauf des Tages ausrasten oder zusammenbrechen.

Reizüberflutung (Overload)

Im Klassengetümmel ist es nicht immer leicht, das autistische Kind vor (zu vielen) Reizen zu schützen. Sie können es aber an eine Stelle setzen, an der es möglichst wenig Reize von vorne bekommt. So kann es zum Beispiel direkt in der ersten Reihe vor Ihrem Tisch sitzen, damit es lediglich Sie und die Tafel im Visier hat. Auch wäre es ratsam, das Kind nicht unbedingt vor ein Fenster oder an die Tür des Klassenzimmers zu setzen, da sonst Reize vor dem Fenster oder vor der Tür das Kind ablenken könnten. Ein Platz am Lichtschalter oder in der Nähe technischer Kabel ist auch nicht vorteilhaft, da diese Dinge für viele Kinder zu einladend sind, um sie in Ruhe zu lassen. Einige Einrichtungen arbeiten mit „Sichtschutz", das heißt sie stellen ein Regal seitlich an den Arbeitsplatz des Kindes oder wenden dessen Arbeitsplatz so, dass es das Gesicht zur Wand richten kann. Die meisten autistischen Kinder können durchaus zuhören, wenn sie die sprechende Person nicht ansehen. Einige lenkt es sogar ab, gleichzeitig hören und sehen zu müssen. Der Blick auf die reizlose Wand kann also die Fähigkeit, dem Lehrer zuzuhören, erhöhen.

Es gibt auch die Möglichkeit, bei akustischer Reizüberflutung Kopfhörer zu tragen oder spezielle Ohrstöpsel, welche störende Nebengeräusche dämmen. Einige Betroffene berichten aber auch davon, dass sie ganz normale Ohrstöpsel aus der Apotheke kaufen und damit gute Ergebnisse erzielen. Wichtig ist, dass nicht alle Umweltgeräusche abgeschaltet, sondern nur so gedämmt werden, dass das Kind in der Schule dem Unterricht noch folgen kann.

Sie könnten gemeinsam mit dem Kind vereinbaren, dass es immer dann, wenn es das Gefühl hat von Reizen überflutet zu werden, ein Zeichen gibt. Das Kind könnte auf eine spezielle Weise die Hand heben (zum Beispiel die rechte Hand mit drei ausgestreckten Fingern), eine rote Stopp-Karte hochheben oder kurz aufstehen, damit Sie es bemerken. Sie könnten dann reagieren, bevor es zum Meltdown kommt, in dem Sie das Kind kurz eine Pause machen lassen oder zulassen, dass es sich kurz unter den Tisch setzt. Sie müssen nur aufpassen, dass das Kind seine „Overload-Pausen" nicht nutzt, um dem Unterricht gezielt zu entfliehen, weil es keine Lust zum Lernen hat. Sie könnten daher beispielsweise vereinbaren, dass es seine Pausen nicht öfter als drei Mal pro Stunde nutzt (oder seltener), also immer nur dann, wenn es wirklich sehr dringend nötig wird. Das setzt allerdings voraus, dass Sie dem Kind vertrauen können und es sich selbst und seine Wahrnehmung bereits gut einschätzen kann.

Wenn das Kind sich in dieser Hinsicht noch nicht komplett selbst einschätzen kann, könnten Sie lernen, darauf zu achten, welche „Unruhe-Signale" das Kind immer kurz vor einem Meltdown aussendet. Manche beginnen mit dem „Stimming". Das ist eine Methode, um die äußeren Reize zu dämmen. Stimming kann sich in

Oberkörper-Schaukeln oder Geräusche-Machen äußern. Manche Kinder summen vor sich hin oder singen. Manche schalten ab und überlassen sich einer beruhigenden mentalen Aktivität oder drehen Gegenstände auf dem Tisch herum. Wenn Sie ein solches Alarmsignal wahrnehmen, können Sie entsprechend reagieren.

Wutausbrüche (Meltdown) oder kompletter Rückzug (Shutdowns) als Folge von Overloads

Wutausbrüche können sehr verschiedene Ausdrucksformen annehmen. Wenn diese im öffentlichen Raum stattfinden, ist das oft besonders kritisch. Es sind andere Kinder im Raum, die möglicherweise Ziele der (durchaus vorkommenden) körperlichen Angriffe werden können. Andere Kinder werden in ihrem Recht, ungestört dem Unterricht folgen zu können, beeinträchtigt. Lehrer werden in ihren Versuchen, Kindern etwas pädagogisch Wertvolles mit auf den Weg zu geben, gehindert. Kurz: Wutausbrüche sind unbeliebt und machen Angst.

Wer will schon geschlagen oder angeschrien werden? Wenn ein Kind uns tritt, tut das weh und zwar nicht nur körperlich. Viele Pädagogen und Therapeuten berichten, dass sie das Schlagen und Treten der Kinder als gegen sich selbst gerichtet empfinden, vor allem, wenn sie gerade ins Berufsleben starten. Der „korrekte" Umgang mit solch einem Verhalten ist nicht einfach zu ergründen. Es kann durchaus sein, dass man individuelle Lösungen finden muss.

Prävention ist die beste Methode, um Wutausbrüche zu verhindern, die im Gruppenkontext zu viel Unruhe oder gar Schaden führen können. Wenn Sie also die Maßnahmen zur Vorbeugung von Reizüberflutung ergreifen, werden Sie die möglichen Wutausbrüche zumindest schon ein wenig reduzieren können.

Wenn ein Kind dann trotzdem einen Wutausbruch erleidet, bleiben Sie möglichst ruhig. Sie als Lehrkraft sind Vorbild für alle Kinder im Raum. Wenn Sie in Panik geraten, geraten es viele Kinder ebenfalls. Die sich kumulierende angstvolle Energie wird das autistische Kind[9] aufnehmen und verstärkt in Panik versetzen. Was es benötigt, ist eine „starke" Energie, die besonnen das Richtige tut. Was das „Richtige" ist, ist nicht immer leicht zu sagen und oftmals hinterlässt eine bestimmte Intervention auch bei erfahrenen Pädagogen eine Spur von Reue und/oder Fragezeichen. Wenn Sie einen Overload als Ursache für den Wutausbruch identifiziert haben, besteht die erste sinnvolle Reaktion Ihrerseits darin, die Reizzufuhr zu reduzieren. Das Kind benötigt eine Pause. Wenn es noch ansprechbar ist, geleiten Sie es nach draußen, ohne viel zu reden oder das Kind anzufassen (es sei denn, Berührung beruhigt das Kind). Möglicherweise gibt es einen Ruheraum an Ihrer Schule oder irgendeinen Platz, an dem sich das Kind in solchen Situationen zurückziehen kann? Vielleicht können Sie im Vorfeld in der Schulklasse Helfer finden, die in Overload-Situationen den autistischen Mitschüler hinaus begleiten, damit Sie mit dem Unterricht fortfahren können. Viele Kinder haben Schulhelfer, die das auch übernehmen können.

Hört der Anfall nicht auf, obwohl Sie die Reize minimiert haben, reden Sie nicht auf das Kind ein. Fassen Sie es nicht an, wenn es keine Berührungen mag. Bei einem Overload erweist sich jeder weitere Reiz, den Sie zufügen (Sprache, Berührung) meistens als aggressionsfördernd. Manchmal hilft dann nur noch abzuwarten, bis der Anfall vorübergeht. Solange dieser sich ausschließlich in Schreien äußert, ist das vielleicht noch auszuhalten. Sollte das Kind allerdings Gegenstände

---

[9] Selbiges gilt natürlich auch für alle anderen Kinder, die Wutausbrüche haben, aber da dieses Buch um Kinder im AS geht, spreche ich hier vom autistischen Kind.

werfen oder demolieren oder gar Kinder angreifen, ist das nicht die Methode der Wahl.

Finden Sie im Vorfeld heraus, ob das Kind Berührungen mag. Manchmal hilft ein warmer Waschlappen auf der Stirn, um das Kind zu beruhigen oder ein fester Griff an den Schultern oder Armen. Fixierungen sind nicht immer Teufelszeug, da Betroffene selbst äußern, dass „feste Berührungen" ihnen in solchen Momenten Halt geben und sie vor Kontrollverlust schützen. Damit ist nun nicht gemeint, dass Sie das Kind an den Stuhl fesseln sollen, aber Sie können seine Arme durchaus festhalten, wenn es um sich schlägt, sofern Sie kräftemäßig dazu imstande sind. Dass das nicht unbegründet und leichtfertig erfolgen darf, ist Ihnen selbst klar. Es gibt jedoch autoaggressive Menschen, die sich sehr stark verletzen und um Fixierungen gebeten haben, um sich nicht blutig zu schlagen. Wenn eine solche Maßnahme vom Betroffenen selbst gewünscht wird, kann das aus meiner Sicht nicht gegen Persönlichkeitsrechte verstoßen. Abgesehen davon, dass Sie in bestimmten Momenten auch andere Kinder schützen müssen. Ich habe noch nie einen Elternteil eines autistischen Kindes gesprochen, welcher dagegen war, dass das Kind, wenn es andere schlägt, mit Stühlen wirft oder Tische umstößt, nicht auch körperlich in Grenzen gewiesen werden darf. Damit meine ich keine Schläge, sondern deutliche körperliche Berührungen, die signalisieren: STOPP!

Wenn Sie es mit einem kompletten Shutdown (Rückzug) zu tun haben, ist es am einfachsten abzuwarten, bis er vorbei ist. Wenn ein Kind eingerollt in einer Ecke, mit einer Decke über dem Kopf im Klassenraum liegt oder sich unter dem Tisch verkrochen hat, dann lassen Sie es am besten dort liegen. Vielleicht können Sie oder der

Schulhelfer beziehungsweise ein Mitschüler [10] dem Kind signalisieren, dass jemand bei ihm ist. Weitere Reize sollten aber auch hier nicht zugeführt werden.

Überforderungen und Unterforderungen im Unterricht

Das kennen Sie von sich selbst: Wenn Sie etwas nicht verstehen, verlieren Sie schnell das Interesse daran, es sei denn, es gibt bestimmte Motivationen, es dennoch zu lernen. Wenn es aber keine äußeren Zwänge gibt, die Sie zum Verstehen animieren oder fehlende belohnende Reize, werden Sie sich schnell einer anderen Sache zuwenden. So ist es bei den Kindern auch, die dem Unterricht nicht folgen können. Entweder ziehen sie sich in ihr Schneckenhaus zurück oder sie werden unruhig. Bei autistischen Kindern kommt dazu, dass sie vieles von dem, was andere ganz selbstverständlich lernen, nicht auf dieselbe Weise aufnehmen können. Das führt zu Frust und Unlustverhalten. Wenn ein Kind sieht, dass alle anderen die Aufgaben schnell und korrekt lösen können oder mitschreiben, ohne feinmotorische Probleme zu haben, dann ist das demotivierend. Wenn ein Kind zuhört, aber nur Bahnhof versteht, schürt das nicht den inneren Antrieb, sondern bremst das Kind aus. Autistische Kinder können über akustische Reize häufig nicht so viele Reize aufnehmen wie andere Kinder. Sie sind keine guten auditiven Lerntypen. Gesprochenes ist zu schnell, um es dauerhaft im Gehirn festhalten zu können, es kommen nur die letzten Sätze an oder sie ergeben keinen Sinn. Autistischen Kindern fehlt im kognitiven Bereich oft der Zusammenhang. Sie hören einzelne Sätze, verbinden sie aber nicht immer zu einer kohärenten Einheit. Ebenso

---

[10] Auch hier spreche ich in der männlichen Form, obschon mir bewusst ist, dass es auch weibliche Schulhelferinnen und Schülerinnen gibt.

verhält es sich mit Geschichten in Bilderbüchern. Die meisten Kinder im AS beschreiben jede einzelne Seite, als stünde sie für sich. Dass jede Seite auf einer vorherigen aufbaut und durch eine nachfolgende Seite ergänzt wird, so dass daraus eine komplette Geschichte entsteht, ist ihnen gar nicht klar. Wenn die vorne vorgetragene Information also lediglich aus vielen schnell gesprochenen Sätzen besteht, die nicht miteinander verbunden werden können, so wird ein autistisches Kind dem Geschehen nicht lange folgen. Es entscheidet sich dann vielleicht eher dafür, den Nachbarn über ein spannendes Thema zu informieren oder den Raum ganz einfach zu verlassen. Dass man so etwas „nicht einfach so machen kann", wird dabei nicht berücksichtigt, da das Kind sich im Allgemeinen nicht zwangsläufig an soziale Regeln hält oder die sozialen Konsequenzen nicht einschätzen oder berücksichtigen kann. Manchmal sind diese ihm auch einfach egal.

Man könnte also sagen, dass bereits das Satzverständnis oder die Aufnahme akustischer Information für viele Kinder im AS eine zu große Herausforderung darstellt. Es ist einfacher für sie, wenn sie Informationen schriftlich oder in bildhafter Form erhalten. Eine Tabelle, eine bebilderte Übersicht, ein Diagramm – das sind Formen, die Informationen so transportieren, dass die meisten Kinder im AS sie gut verstehen können. Ich werde im letzten Hauptkapitel auf die „visuellen Lerntypen" gezielter eingehen, aber schon an dieser Stelle sei erwähnt, dass einige der Kinder bildhaft denken. Sie „knipsen" visuelle Information und speichern sie gedanklich ab. Daher ist es immer gut, wenn Sie als Lehrer viel mit visuellen Darstellungen arbeiten oder Filmmaterial einsetzen.

Wenn es nicht möglich ist, den Stoff primär in bildhafter Weise zu präsentieren, könnten Sie den Schulhelfer oder sonstige Personen im Helfersystem des Kindes bitten, den Schulstoff auf diese Weise zu übersetzen. Das ist nicht in jedem Fach gleichermaßen machbar, aber wenn es im Deutschunterricht zum Beispiel um (komplexe) emotionale Verwirrungen diverser Protagonisten geht (man denke an literarische Werke wie „Kabale und Liebe", bei denen es selbst allen anderen Schülern schwer fällt, den Faden nicht zu verlieren) oder um Werke, bei denen eine ausgeprägte Theory of Mind – Fähigkeit gefragt ist (zum Beispiel „Das doppelte Lottchen", an dem so einige Autisten bereits verzweifelt sind), so kann man Zeichnungen machen, die darlegen, wie welche Figur mit welcher anderen zusammenhängt. Gedankenblasen können verdeutlichen oder unterstreichen, was jemand denkt und Sie können Farben für Gefühle verwenden, die emotionalen Zustände mit Hilfe mimischer Darstellungen unterstreichen und somit ein wenig Licht in das Dunkel bringen.

Es gibt diverse weitere Ursachen für Überforderungen im Unterricht wie beispielsweise unflexibles Denken, Defizite im Vorausplanen, Defizite im Strukturieren von Lerninhalten sowie zahlreiche Schwierigkeiten im sozialen Verständnis, die ebenfalls zu Anspannungssituationen im Unterricht führen können. Defizite schreibe ich deshalb, weil das Vorausplanen, Strukturieren und Flexibilisieren von Lernstoff in unserem gängigen Schulsystem Voraussetzungen für Lernerfolg sind. Die Lösung für diese Problemfallen besteht in erster Linie darin, Unterrichtsstoff anders aufzubereiten oder entsprechend nachzubereiten.

Es ist nicht einfach, eine allgemeine Aussage darüber zu machen, welche Fächer bei Kindern im AS leichter und welche schwerer zu bewältigen sind. Man könnte dahin tendieren zu sagen, dass es oft die naturwissenschaftlichen Fächer sind, die vorgezogen werden. Alle Fächer, bei denen es um Fakten geht, die nicht mit anderen Themenkomplexen in Beziehung gesetzt werden müssen oder emotionale Inhalte zum Thema haben, sind einfacher zu erfassen. Aber auch Themen wie Musik oder Kunst sind oft beliebt. Deutschunterricht, Sportunterricht oder

Fremdsprachen sind dagegen oftmals unattraktiv. Beim Sportunterricht mangelt es oft an einer guten Auge-Hand-Koordination, am Regelverständnis sowie an der Fähigkeit, eine laute Geräuschkulisse ertragen zu können. Kinder im AS gelten oft als motorisch ungeschickt, zumindest solche mit Asperger-Syndrom.

Betrachten wir die naturwissenschaftlichen Fächer als diejenigen, welche von den meisten Kindern im AS bevorzugt werden, dann sehen wir schnell, dass es in diesen Fächern häufig sogar Unterforderungen gibt. Viele Kinder erfassen mathematische Prozesse im Nu, ohne sich bewusst zu sein *wie*. Sie bieten korrekte Lösungen an, ohne einen Rechenweg beschreiben zu können. Dieser Zugang zur Mathematik erfolgt anscheinend intuitiv. Lehrer, die sich mit solchen intuitiven Denktypen nicht auskennen, glauben, die Kinder hätten geschummelt. Wenn ein Kind diesem Vorwurf ausgesetzt wird und das als ungerecht empfindet, kann es zu einem Wutausbruch kommen. Autistische Menschen sind oft außerordentlich wahrheits- und gerechtigkeitsliebend. Sie sind in diesem Fall auch eindeutig im Recht. Visuell-intuitive Denktypen lösen Aufgaben anders als analytische Denker, nur wissen die meisten Lehrer gar nichts darüber (s. Kapitel 3). Unverständnis und Langeweile führen dann nicht selten zu störendem Verhalten im Unterricht.

Wenn Sie erleben, dass ein Kind auf „seltsame" Weise Aufgaben löst, versuchen Sie zunächst herauszufinden, wie das wirklich geschieht. Gehen Sie nicht zwangsläufig davon aus, dass das „nicht sein kann", sondern seien Sie offen dafür, dass es nicht herkömmliche Weisen geben kann, zu einer korrekten Lösung zu kommen. Lassen Sie sich erklären und zeigen, wie das Kind die Aufgabe bewältigt hat. Wenn das Kind sagt, es weiß es selbst nicht, kann das die Wahrheit sein. Wenn Sie bei intuitiv-denkenden Kindern auf Darlegung des „korrekten Lösungswegs" bestehen und Punktabzug geben, wenn das nicht geschieht, wird das auf Widerstand treffen. Das Kind hat ja keinen Lösungsweg dafür parat, dass das Ergebnis „von selbst" gekommen ist. Sie haben sicher schon Menschen im Fernsehen gesehen, die in Nullkommanichts Wurzeln ziehen oder auf Nennung eines Datums den korrekten Tag zuordnen können. Das ist ebenfalls eine Leistung, die keiner bewussten „Denkarbeit" bedarf. Wie das genau funktioniert, wissen wir nicht, aber es ist möglich.

Wenn ein Kind vom Unterrichtstoff unterfordert ist, können Sie Zusatzaufgaben geben, wenn die erforderlichen Aufgaben bereits erledigt wurden. Vielleicht stellen Sie einen Korb bereit, der interessante Aufgaben beinhaltet. Vielleicht kann das Kind etwas ordnen, sortieren oder rechnen. Sagen Sie dem Kind, dass es zu diesem Korb gehen kann, wann immer es mit Aufgaben schneller fertig ist als andere, um sich zu beschäftigen. Stellen Sie den Korb mit dem Kind gemeinsam zusammen. Vielleicht kann er auch bestimmte Knobelaufgaben oder Logikspiele enthalten. Vielleicht sogar etwas aus Lego, was zusammengebaut werden soll. Was Sie bereitstellen, ist Ihnen überlassen, aber es sollte etwas sein, das das Kind fordert und motiviert, zuerst die von Ihnen gestellten (einfachen) Aufgaben zu lösen. Der Korb kann dafür eine Belohnung sein und gleichermaßen den Wissensdurst des Kindes befriedigen.

Motivationsprobleme

Motivationsprobleme ergeben sich für viele Schüler im Verlauf der Zeit. Gerade, wenn ein Unterrichtsfach nicht interessant erscheint oder es Verständnisprobleme gibt, lässt die Motivation natürlicherweise nach. Schülern mit Autismus mangelt es jedoch zusätzlich häufiger an Motivation als anderen und zwar deshalb, weil ihre

Lernbedingungen an herkömmlichen Schulen nicht optimal sind. Wie bereits erwähnt, führen unter anderem sensorische Überlastungen, auditiv ausgelegter Unterricht und Anforderungen im sozialen Kontext zu Stresszuständen, die sich in „störendem Verhalten" äußern können. Allein dadurch sinkt die Motivation, etwas zu lernen. Meistens kommt bei Kindern im AS dazu, dass sie überwiegend motiviert sind zu lernen, wenn sie das Thema interessiert. Seltener motiviert es sie, sich über Gedanken an eine positive Zukunft durch gute Noten oder ein (in ferner Zukunft stattfindendes) Studium zu motivieren. Das fällt schon Kindern ohne AS schwer, aber sie lassen sich durch soziale Konsequenzen (Rückmeldungen von Lehrern, Eltern und Noten) und die Gefühle der engsten Bezugspersonen (stolze Eltern) leiten. Sicher gibt es auch Kinder im AS, die sich durch solche Konsequenzen leiten lassen, aber erfahrungsgemäß ist das durchaus seltener der Fall.

Wie steigert man also die Motivation der Kinder? Externe Belohnungssysteme haben sich hier in der Praxis etabliert. Diese Belohnungen können ganz unterschiedlich aussehen. Man könnte eine sofortige Belohnung wählen, sobald ein Kind eine unliebsame Aufgabe erledigt hat. Diese könnte in den bereits erwähnten Aufgabenkörben bestehen. Das Kind darf sofort nach Abarbeitung zum Korb, in dem etwas Lohnendes wartet. Der Klasse sollte man vorher erklären, warum man ein solches Belohnungssystem bei diesem speziellen Kind braucht. Sie können der Klasse vermitteln, dass das eine pädagogische Strategie für einzelne Kinder ist, die nicht regelmäßig auf eine komplette Schulklasse übertragen werden können. Sie könnten aber durchaus das eine oder andere Mal eine Belohnung für die ganze Klasse zur Verfügung stellen, zum Beispiel dafür, dass sie sich in einer bestimmten Situation dem autistischen Klassenkameraden gegenüber besonders toll verhalten hat.

Eine weitere Sofortmaßnahme kann in einem Privileg bestehen, welches der betroffene Schüler ausführen darf, wenn er den Anforderungen nachgekommen ist. Ein Schüler darf zum Beispiel das Whiteboard in der darauf folgenden Stunde einschalten oder die Tafel für den nächsten Lehrer wischen (für viele autistische Kinder ist das Herstellen von Ordnung eine lohnenswerte Aufgabe!).

Wenn das nicht immer funktioniert oder keine ständigen, sofortigen Belohnungen zur Verfügung stehen, kann man auch Punkte (oder Aufkleber oder Murmeln) sammeln, die man gegen eine Belohnung eintauschen kann, wenn man genügend viele beisammen hat. Wenn das Kind es also schafft, am Tag pro Schulfach unliebsame Anforderungen zu erfüllen, kann es fünf bis acht Punkte sammeln. Man kann dann überlegen, ob das Kind täglich – zum Beispiel bei Erlangen von fünf Punkten – bereits belohnt wird oder erst am Ende der Woche.

Jens (14 Jahre) wird belohnt, indem er pro Tag Punkte sammelt, die sich aus dem Erlangen seiner einzelnen Noten und Einhalten angemessener sozialer Verhaltensweisen zusammensetzen. Dafür gibt es ein vom Schulhelfer ausgetüfteltes System. Gemeinsam mit Jens wurden fünf Aktivitäten in Aussicht gestellt (unter anderem eine Sightseeing-Tour durch Berlin), wenn eine bestimmte Punktezahl erreicht wird. Dabei gibt es Etappen. Jens kann also bei Erreichen von 12 Punkten etwas Erwünschtes tun, bei Erlangen von 30 Punkten jedoch etwas besonders Erstrebenswertes. Die Aussicht auf diese Aktivitäten treibt Jens seit zwei Wochen an, seinen Pflichten bewusster denn je nachzukommen.

Wenig Struktur im Unterrichtsgeschehen

Mangelnde Vorhersehbarkeit der Abläufe im Unterricht oder schlecht strukturiertes Lernmaterial kann Kinder im

AS herausfordern und zu störendem Verhalten führen. Prüfen Sie (gemeinsam mit anderen Helfern des betroffenen Kindes), ob das Kind Regeln wie „Sich melden" oder „Verhalten im Unterricht" kennt. Vielleicht ist es dem Kind gar nicht bewusst, dass man die Hand heben muss, um auf eine Frage zu antworten oder auf dem Stuhl sitzen soll, während der Lehrer vorne etwas vorträgt. Stellen Sie also sicher, dass bestimmte Abläufe und Verhaltensweisen bekannt sind, denn wenn das nicht der Fall ist, kann das Kind sich auch nicht entsprechend verhalten.

Darüber hinaus ist es wichtig, dass das Kind immer im Voraus weiß, welches Fach dran ist. Dabei helfen ganz normale Stundenpläne, die aber am besten stets sichtbar sein sollten. Sie könnten also einen Wochen- oder Tagesstundenplan in Sichtweite des Kindes an die Klassenzimmerwand hängen oder einen Stundenplan auf den Tisch des Kindes legen (oder kleben). Es kommt häufig zu innerer Aufregung, wenn nicht klar ist, was „danach" kommt. Sorgen Sie also dafür, dass Abläufe im Rahmen der Unterrichtseinheit sowie danach gut sichtbar und überschaubar für das autistische Kind sind.

Eine gute Struktur und Organisation ist für den gelungenen Ablauf während der Schulstunde auch hinsichtlich der Arbeitsmaterialien und Aufgabengestaltung von großer Bedeutung. Das Kind sollte immer wissen, wo sich welche Arbeitsmaterialien befinden. Ein Schulhelfer kann ein Ordnungssystem mit dem Kind entwickeln (siehe Kapitel Selbstorganisation).

Wenn das Kind eine Aufgabe bewältigen soll, empfiehlt es sich, auch hier eine Struktur zu schaffen. Viele Kinder wissen nicht recht, womit sie anfangen sollen. Es werden in einer Aufgabe so viele Fragen gestellt, mit welcher beginnt man? Einfache Fragen wie diese können Unruhe auslösen, so dass es auch hier wichtig ist, Halt durch Struktur zu geben.

Wenn Aufgabenstellungen (zu) komplex formuliert sind, empfiehlt es sich, zunächst herauszufiltern, worum es eigentlich geht. Streichen Sie alle „redundanten" Informationen heraus, übersetzen Sie sprachliche Stolpersteine, unterstreichen Sie die Kernaussagen und wiederholen Sie die Aufgabe dann erneut. Lassen Sie das den Schulhelfer übernehmen, wenn es Ihnen zeitlich nicht möglich ist. Es kann eine „Must Have"-Kiste für Schulhelfer[11] zusammengestellt werden, die diverse Materialien enthält, die der Schulassistent verwenden kann, um Aufgabenstellungen verständlicher zu machen. Ich stelle diese Kiste ebenfalls im Kapitel 3 vor, aber bereits hier sei darauf hingewiesen, dass die Kiste unter anderem Textmarker oder auch Zeilenschablonen enthält, um zum Beispiel wichtige Stellen im Text markieren zu können.

Als Lehrer sind Sie sowieso darin geübt, Unterricht zu strukturieren, aber manchmal verläuft dieser nicht unbedingt nach Plan. Das kann auch das eine oder andere Mal in Ordnung sein, aber stärkere Veränderungen können zumindest Ihren autistischen Schüler in Aufruhr versetzen. Wenn Sie also von einem Thema komplett abschweifen oder einen Versuch nicht bis zum Ende durchführen (können), so kann das eine Herausforderung für das Kind darstellen. Sie sollten also wissen, dass es immer dann Probleme geben kann, wenn Sie etwas ankündigen und es dann aber nicht (komplett) einhalten (können).

Noch schwerer wird es, wenn es gravierende Veränderungen gibt wie beispielsweise kompletten Unterrichtsausfall, Vertretungsstunde oder Feueralarm. Einige Kinder können gut mit solchen Veränderungen umgehen, andere überhaupt nicht. Die Struktur ist

[11] A. Tuckermann, A. Häußler, E. Lausmann. Herausforderung Regelschule. Unterstützungsmöglichkeiten für Schüler mit Autismus-Spektrum-Störungen im lerngzielten Unterricht. Borgmann Media. 2012

unterbrochen, die Ordnung kaputt. Die Kinder wissen dann nicht, was wann auf sie zukommen wird und was anstelle des Gewohnten passiert. Hier benötigen Sie beruhigende Erklärungen und gegebenenfalls kurze Pausen, um die Veränderungen verarbeiten zu können. Ein Feueralarm sollte, wenn irgendwie möglich, dem Kind vorher angekündigt werden und auch das Vorgehen während einer solchen Übung sollte zumindest im Vorfeld schon einmal trainiert worden sein. Es könnte sonst zu hoffnungsloser Überforderung kommen.

Innere Unruhezustände

Diverse äußere und auch innere Anlässe können zu Unruhezuständen bei Kindern im AS führen. Ein äußerer Umstand kann zu einem inneren Unruhefaktor werden, aber auch ein innerer Unruhefaktor kann zu äußerlich sichtbarem Unruheverhalten führen. Manchmal sind es Gedanken, die die Kinder innerlich beschäftigen. Das können unterrichtsbezogene Gedanken sein (wie zum Beispiel der Versuch, eine Aufgabe oder einen Satz zu verstehen oder aber ein Kind versucht verzweifelt, eine sich aus dem Unterricht ergebende, hoch komplizierte Fragestellung zu klären) oder aber solche, die mit dem aktuellen Schulstoff nichts oder nur begrenzt etwas zu tun haben. Kinder im AS können sich komplett in ihren inneren Welten verlieren, so dass sie manchmal nicht einmal mehr registrieren, wenn die Pause eingeläutet wurde. Sie schalten regelrecht ab. Wenn sie einem beunruhigenden Gedanken folgen, dann kann dieser Gedanke sie in Aufruhr versetzen und da sie sich nicht von ihm lösen können, kommt es möglicherweise zu „Störverhalten". Wenn das Kind also abwesend wirkt oder aus heiterem Himmel umherläuft oder sonstiges auffälliges Verhalten zeigt, können Sie es fragen, ob es an etwas

66

Beunruhigendes gedacht hat. Es kann auch ein Schmerzreiz sein oder etwas Harmloses wie ein Hungergefühl, welches Unbehagen auslöst. Manchmal können die Kinder diese inneren Reize beziehungsweise Signale nicht eindeutig interpretieren. Fragen Sie das Kind, ob es weiß, warum es unruhig ist.

Manchmal werden beunruhigende Gefühle oder Gedanken auch wie bei einem durch äußere Reize bedingten Overload durch „Stimming" begleitet. Falls das Kind nicht ansprechbar ist und Ihnen auf Ihre Frage nicht antworten kann, könnten Sie ihm eine Pause im Ruheraum (sofern vorhanden) gönnen oder zumindest keine weiteren Anforderungen stellen. Finden Sie heraus, welche sonstigen Beruhigungsmaßnahmen wirksam sind. Manchmal ist es der bereits erwähnte warme Waschlappen auf der Stirn oder eine Berührung an der Schulter.

Vielleicht können Sie auch im Vorfeld mit dem Kind besprechen, was in solchen Situationen geschehen kann oder befragen Sie die Eltern, was diese in solchen „apathischen" Zuständen tun, um die Aufmerksamkeit des Kindes wiederzuerlangen. Ein ablenkender Reiz ist manchmal sinnvoll, um Gedankenspiralen zu unterbrechen, gerade wenn diese zu innerer Beunruhigung führen.

1.5 Das Kind trägt sein Spezialinteresse in den Unterricht hinein

Hendriks Lehrerin freut sich, dass ihr Schüler sich intensiv mit dem Schulstoff im Rahmen des Geschichtsunterrichts auseinandersetzt. Hendrik (14 Jahre) ist ein regelrechter Geschichtsfreak. Er merkt sich so gut wie alle Jahreszahlen sowie die entsprechenden Ereignisse und zu bestimmten Themen wie zum Beispiel dem Nationalso-

zialismus[12] *weiß er einfach alles. Es beunruhigt seine Lehrerin aber zunehmend, dass Hendrik dem Anschein nach fast schon euphorisch über das Thema spricht. Wenn Sie ihn aufruft, hört er gar nicht mehr auf, davon zu erzählen. Er begeistert sich ihrer Meinung nach auch ein wenig zu sehr für Hitler.*

Es gehört zu einem der Merkmale des Autismus, dass Betroffene bestimmte Spezialinteressen haben können. In der Regel verfolgen sie diese auf eine besonders intensive Weise. Im Gegensatz zu bestimmten Interessen, die alle Kinder oder Jugendlichen von Zeit zu Zeit intensiver verfolgen, vertiefen sich Kinder im AS derart in ihre Themen, dass sie kaum noch Ohren oder Augen für etwas anderes haben. Diese Themen können für andere (Kinder) durchaus auch interessant sein, müssen es aber nicht. So sind Themen wie Dinosaurier, Eisenbahnen, Flugzeuge, Weltraum oder Tiere für viele Kinder spannend, zumindest, wenn kurzzeitig darüber gesprochen wird. Ab einer gewissen Informationsmenge wird es den meisten Kindern allerdings „zu bunt" und sie wenden sich vom autistischen Gesprächspartner ab, sollte dieser in einen „Monolog" über sein Thema vertieft sein. Das Spezialthema ist ein Bereich, in dem sich ein Kind im AS sehr gut auskennt, infolgedessen wird es dieses Thema gern bei jeder

---

[12] Hinweis: Es kommt nicht sehr oft vor, dass ein autistisches Kind sich für Hitler interessiert. Ich habe es zwar erlebt, aber es gibt auch andere Themen wie „Waffen", „Gewalt", die ich hätte wählen können. Ich weiß, der NS ist ein sehr heikles Thema, aber da ich diese Fragen in der Praxis gestellt bekam, möchte ich sie teilen. Damit schaffe ich ein deutliches Beispiel einer solchen Problemlage. Ich möchte damit aber nicht sagen, dass Autisten latent nationalsozialistisch oder gewalttätig sind!! Ein „Faible" (vorübergehend in der Regel) für solche Themen muss aber immer auch im Licht der Autismus-Diagnose betrachtet werden und das möchte ich hier vermitteln.

Gelegenheit ansprechen, die sich ihm bietet. Das kann in der Pause ebenso wie im Schulunterricht der Fall sein. Es muss nur ein Stichwort fallen, welches mit dem Thema irgendwie (wenn auch noch so fern) zu tun hat und das Kind "legt los". Es ist dann in seinem Redefluss schwer zu stoppen, zumal es die Signale in der Regel verkennt, die ihm aufzeigen, wann ein Gesprächspartner das Interesse verloren hat. So wenden sich einige Kinder irgendwann wortlos von ihrem Mitschüler ab und lassen ihn einfach – manchmal sogar weiter vor sich hin sprechend – stehen. Besonders bei Spezialthemen, die das Interesse der Mitschüler nicht hinreichend treffen, kann es schnell zum Kontaktverlust kommen. Wenn ein Kind beispielsweise eine Vorliebe für Wasserpumpen, mittelalterliche Foltertechniken oder seltene Insekten hat, schrumpft die Zahl der Zuhörerschaft meistens schon von alleine rapide. Handelt es sich aber auch noch um ein Thema wie den Nationalsozialismus und Hitler, so wird es sozial sogar ausgesprochen kritisch. Es kann sein, dass ein Kind, welches ein solches Spezialthema hat, gemieden oder gar als bösartig und gefährlich empfunden wird.

Tipps

Das Spezialinteresse ist sozial nicht „verträglich"

In den meisten Fällen ist ein Spezialinteresse losgelöst von „tieferen" Motivationen. Interessiert sich ein Kind also zum Beispiel für Vulkane, dann wird es herausfinden wollen, wo überall auf der Welt sich solche Magma speienden Berge befinden, wie sie heißen, wie oft sie ausgebrochen sind oder wie viele Tote es dabei gab. Das Zusammentragen dieser Informationen befriedigt den Wunsch des Kindes nach Thematisierung bereits. Es kommt zwar vor, dass Kinder oder Jugendliche ihre

Interessen auch zum Beruf machen wollen, aber meistens wechseln solche Interessen im Laufe der Zeit und das Thema Vulkane wird durch ein anderes ersetzt. Ein Merkmal dieser Spezialforschungen ist auch, dass sie selten mit anderen Themenbereichen in Beziehung gesetzt werden. Ein Kind, welches also minutiös Minerale kategorisiert oder Schmelzpunkte von Metallen erforscht, wird dieses Interesse wahrscheinlich nicht mit anderen Bereichen der Wissenschaft ausweiten. Die meisten Spezialinteressen sind isolierte Interessen, die den Wissenshunger des Kindes befriedigen und dazu dienen, anderen davon zu erzählen, also in Kontakt zu treten. Auch zur Beruhigung wird ein Spezialinteresse verfolgt. Sich mit einem vertrauten Thema zu beschäftigen, gibt Sicherheit.

Aus diesen genannten Gründen ist es naheliegend, dass ein Kind, welches ein sozial nicht akzeptables Spezialthema wie Hitler hat, wahrscheinlich nicht darauf aus ist, Hitler in seinem späteren Leben politisch oder irgendwie sonst nachzueifern. Ich sage „wahrscheinlich", weil man es ja nie genau wissen kann, aber die Erfahrung zeigt, dass es in den meisten Fällen ein von späteren Absichten losgelöstes, meist sogar nicht wirklich verstandenes Spezialthema ist. Irgendetwas ist es, was die Kinder an dieses Thema fesselt. Vielleicht merken Sie, dass es ein riesengroßes, oft auch tabuisiertes Thema in unserem Land ist. Vielleicht haben sie Familienangehörige davon erzählen gehört und gespürt, dass heftige Emotionen daran gekoppelt waren. Vielleicht war das über den Nationalsozialismus Gehörte so beängstigend, dass sie sich damit näher befassen mussten, um es einigermaßen zu verstehen. Das ist übrigens ein häufiges Motiv für Spezialinteressen. Ein Kind, welches Angst vor Hunden hat, kann das Thema „Hund" zum Spezialthema haben. Wenn Toilettenspülungen aufgrund ihrer Lautstärke Angst machen, sind sie es.

Sehen Sie das Spezialthema „Hitler" also zunächst einmal gelassen und folgern Sie nicht automatisch, dass es sich bei Ihrem Schüler um einen latent Rechtsradikalen handelt, der möglicherweise eines Tages gefährlich werden könnte. Natürlich sollten Sie ein solches Thema im Blick behalten. Aber solange Sie kein Verhalten bemerken, welches folgern lässt, dass das Kind oder der Jugendliche klammheimlich zum Amokläufer mutiert, sollten Sie zunächst lediglich dafür sorgen, dass das Kind den Eifer für ein solches Thema lieber so gut es geht für sich behält oder ihn in konstruktive Bahnen lenkt. Stellen Sie klare Regeln auf, wann und wo über das Thema geredet werden darf. Vielleicht ist es ja in Ordnung, wenn das Kind Ihnen als Geschichtslehrer zu diesem Thema in der Pause ein paar Fragen stellt oder dazu ein wenig monologisiert? Versuchen Sie, aus dem Thema etwas „Größeres" zu machen, indem Sie das Problem der Ausgrenzung anderer Volksgruppen ganz allgemein zum Gesprächsstoff unter Kindern oder Jugendlichen machen. Das Interesse an Hitler ist aber zunächst einmal nichts weiter als ein Interesse an einem Thema. Nicht mehr, nicht weniger. Erst wenn Sie andere Anzeichen bemerken, die darauf hindeuten, dass das Kind sich zu sehr in das Thema versteift und wohlmöglich Verhaltensweisen imitiert oder andere Menschen beschimpft, sollten Sie intervenieren. Vereinbaren Sie dann einen Termin mit den Eltern des Kindes und besprechen Sie das weitere Vorgehen. Diese können sich zur Not Hilfe bei einem Autismus-Beratungszentrum oder bei auf Autismus spezialisierten Psychologen holen. Wichtig ist es dann, das Spezialinteresse umzulenken oder in sinnvolle Bahnen zu überführen. Psychologen können auch herausfinden, ob es andere Ursachen als beispielsweise Angst (vor unerklärlichen Phänomenen, vor Ausgrenzung) für die Wahl des Themas gibt. Manchmal sind Jugendliche von der massiven Gewalt fasziniert, die vom

Nationalsozialismus ausging. Sie sind ihrerseits tief verunsichert ob ihrer Autismus-Diagnose, fühlen sich einsam und unverstanden und sind daher empfänglich für alles, was ihren eigenen Frust auf irgendeine Weise kanalisiert. Wenn das der Fall ist, braucht der Jugendliche dringend psychologische Unterstützung, um mit seinen latenten Aggressionen umgehen zu lernen.

Das Kind weiß nicht, wann und wo es aufhören muss, über das Thema zu reden

Sie sollten klare Regeln darüber aufstellen, wo und wie lange das Kind über sein Spezialthema reden darf. Sollte es insgesamt überhaupt nicht in den Unterrichtsstoff passen, sollten Sie das Bedürfnis nach Kommunikation darüber auf die Pausenzeiten reduzieren und eine klare Vorgabe machen, mit wem das Kind wie lange darüber reden darf. Es bietet sich an, die Kinder aus der Schulklasse einzubeziehen, denn es profitieren alle davon, wenn das autistische Kind in den Klassenverband integriert wird, dabei aber keine vereinzelten Schüler „überstrapaziert" werden. Sie sollten sich demnach beim Zuhören abwechseln. Das geht natürlich nur bei Themen, die sozial akzeptiert sind. So wie bei Julian, der sich liebend gern über Flugzeuge unterhält. Seine Mitschüler wollten allerdings nach einer gewissen Zeit nicht immer wieder neue Details zu Flugobjekten und deren technischen Daten hören, so dass die Lehrerin entschied, in den Pausen „feste Zuhörzeiten" zu vereinbaren. Die Kinder wechselten sich dabei ab. Das führte zu Zufriedenheit, da Julian seine neusten Erkenntnisse über Flugzeuge mitteilen durfte und verhinderte gleichermaßen, dass er sich immer nur einzelne Schüler dafür herauspickte.

Schreiben Sie die Regeln, wo und wie lange beziehungsweise mit wem das Kind über sein Thema reden darf, auf. Sie können ein Belohnungssystem einführen, wenn sich das als vorteilhaft erweist. Wenn das Kind es schafft, sich an die Vorgaben zu halten, verteilen Sie Punkte oder reichen eine unmittelbare Belohnung. Sie können das gemeinsam mit dem autistischen Schüler, den Mitschülern und den Eltern entscheiden beziehungsweise geeignete Belohnungen finden. Es ist jedoch hilfreich, wenn die unmittelbaren Konsequenzen (nach dem Unterricht, am Ende des Schultages) direkt vor Ort erfolgen und nicht zu Hause. Auf diese Weise koppelt das Kind das Verhalten auch mit dem Ort. Warum sollte die Mutter es belohnen, wenn es tagsüber in der Schule Regeln eingehalten hat? Es ist sinnvoller, wenn in der Schule das Verhalten in der Schule belohnt wird und das Verhalten zu Hause dann auch zu Hause.

1.6   Wenn keine Hausaufgaben gemacht werden

Lukas (11 Jahre) vergisst regelmäßig seine Hausaufgaben. Manchmal weiß er nicht einmal, dass er überhaupt welche auf hatte. Sein Klassenlehrer ist zunehmend ungehalten, da auch häufige Gespräche mit der Mutter und dem Schulhelfer bislang keine Besserung gebracht haben und er mit seinem Latein am Ende ist, denn für ihn geht das so nicht mehr weiter.

Hausaufgaben gehören zum Schulunterricht dazu. Auch wenn es immer mal wieder eine Debatte über Sinn und Zweck von Hausaufgaben gibt, gehen die meisten immer noch davon aus, dass die erneute Beschäftigung mit dem Unterrichtsstoff im Nachmittagsbereich zur Festigung und eigenständigen Vertiefung dessen beiträgt. Die meisten Kinder mögen keine Hausaufgaben, aber die meisten erledigen sie dann doch zu Hause, da sie schlechte Noten oder soziale Konsequenzen von Lehrern und Eltern vermeiden wollen. Bei nicht erledigten Hausaufgaben gibt es entweder bei wiederholtem Versäumnis (zum Beispiel nach zweimaligem Vergessen) eine „6" oder es erfolgt bereits sofort ein Vermerk im Klassenbuch. Auf lange Sicht wirkt sich das wiederholte Nichtausführen von Hausaufgaben negativ auf die Gesamtnote aus. Eltern und Lehrer quittieren wiederholtes Nichterledigen dieser Pflicht auch emotional. Sie sind enttäuscht über das Verhalten oder gar wütend auf die Kinder. Aus diesen genannten Gründen entscheiden sich die meisten dann doch dafür, die unliebsamen Hausaufgaben zu erledigen. Einige Schüler sagen, dass diese ihnen durchaus beim Lernen helfen.

Kinder im Autismus-Spektrum sehen das manchmal ganz anders. Ein Kind bezeichnete Hausaufgaben als „Kinderarbeit".

Soziale Konsequenzen sind nicht gleichermaßen wirksam und ob ein Lehrer oder Elternteil traurig, enttäuscht oder wütend ist, spielt auch keine besonders große Rolle. Vielleicht erkennen die Kinder diese Gefühle nicht einmal, wenn sie nicht direkt geäußert werden. Aber selbst wenn Eltern den Kindern deutlich sagen, dass sie traurig sind, hat das nicht zwangsläufig den gewünschten Effekt. Sehen wir es einmal aus der autistischen Perspektive. Lukas hat keine Hausaufgaben gemacht (warum auch immer). Seine Mutter sagt mit gequälter Miene und in gedämpftem Tonfall: *„Lukas. Das macht mich jetzt aber sehr traurig, dass du so schlecht mitarbeitest in der Schule und deine Hausaufgaben nicht machst. Du bekommst schlechte Noten und das wirkt sich auf dein Abitur aus. Vielleicht kannst du dann gar kein Abitur machen. Und dann kannst du nicht studieren und und...."*

Vielleicht drückt sich die Mutter von Lukas kürzer aus, aber Fakt ist: Lukas berücksichtigt als autistischer Mensch die Emotionen anderer in der Regel nicht oder nur wenig für seine Handlungsplanung. Daher ist der Satz: „Das macht mich traurig." ohne Wirkung. Vielleicht versteht Lukas gar nicht, warum die Mutter über etwas traurig sein kann, was er verursacht hat und nicht sie. Ihn macht es vielleicht eher froh, dass er seine Hausaufgaben nicht gemacht hat, denn hätte er sie gemacht, wäre er unglücklich gewesen. Wenn er also erleichtert ist, versteht er nicht, warum sie traurig ist. All die Gründe, die sie für ihre Trauer anführt, kann Lukas nicht überschauen und nicht nachvollziehen. Er ist elf Jahre alt und lebt im Hier und Jetzt. Was das für Auswirkungen auf seine Zukunft hat, wenn er heute seine Hausaufgaben nicht macht, interessiert ihn nicht. Er denkt in diesem Alter nicht an sein Abitur, geschweige denn an sein Studium. Abgesehen davon: Je länger ein Monolog der Mutter dauert, umso eher schaltet Lukas ab. Das ist viel zu viel Information auf einmal, die er gar nicht einordnen, in einen Zusammenhang bringen oder generell verarbeiten kann.

Es gibt Gründe, warum Lukas seine Hausaufgaben nicht macht. Vielleicht versteht er gar nicht genau, was er machen soll. Möglicherweise überfordern oder unterfordern die Aufgaben ihn. Wenn er damit allein gelassen ist und nicht weiß, was er machen soll oder ob er das überhaupt schafft, „vergisst" er die Hausaufgaben eben lieber. Es kann auch daran liegen, dass er schlicht und ergreifend vergisst, dass er welche machen muss. Wenn er nach Hause kommt, ist er zu Hause. Das heißt, er ist nicht mehr in der Schule und folglich gilt, dass er nur das tut, was man zu Hause tut und das hat nichts mehr mit der Schule zu tun. Daher schaut das Kind vielleicht auch gar nicht mehr in sein Aufgabenheft, in dem die Hausaufgaben wahrscheinlich eingetragen sind (oder auch nicht. Das hängt meistens etwas davon ab, wie der Schulhelfer nachhilft oder wie gut das Kind sich selbst organisieren kann). Es kann auch sein, dass es nach Hause kommt und von einer anderen Tätigkeit so abgelenkt wird, dass es die

Hausaufgaben deshalb vergisst. Autistische Kinder werden von bestimmten Tätigkeiten oder Dingen im Hier und Jetzt oft so absorbiert, dass kein Raum für Dinge vorhanden ist, die noch erledigt werden müssten und die auf der Beliebtheitsskale ganz unten stehen oder einfach zu weit zurückliegen.

Es gibt aber noch einen anderen Grund. Viele Kinder im AS äußern, dass sie keinen Sinn in der Erledigung von Hausaufgaben sehen. Sie sagen, sie haben den Stoff bereits im Unterricht durchgenommen und eine Wiederholung dessen im Nachmittagsbereich ist aus ihrer Sicht ineffektiv. Entweder haben sie den Stoff einfach so schon „drauf" und brauchen keine weiteren Übungen oder sie haben ihn nicht „drauf" und dann hilft aus ihrer Sicht auch kein Üben, denn das „Nichtkönnen" soll ja nicht in Frust ausarten. Sie haben auch hier Schwierigkeiten, den Transfer zu leisten und den Stoff in größere, übergeordnete Zusammenhänge einzubetten. Das tun sie in ihrem autistischen Denken auch nicht ständig, also ist es für sie schwer zu verstehen, warum das mit dem Schulstoff geschehen soll.

Tipps

Es gilt auch hier wieder herauszufinden, was die Ursache für das Nichterledigen der Hausaufgaben ist. Durch Gespräche mit dem Kind, seinem Schulhelfer, Beobachtungen und ein Treffen mit den Eltern können Sie Licht ins Dunkel bringen. Wenn Sie Glück haben, funktioniert auch bereits ein einfaches Punktesystem. Normalerweise gilt sowieso schon: Wer seine Hausaufgaben zwei oder drei Mal vergisst beziehungsweise nicht vorzeigt, bekommt eine schlechte Note. Sie könnten es umdrehen und dem Kind für jede Hausaufgabe, die es vorlegt, einen Punkt geben. Je nach Alter des Kindes können das schöne, bunte Aufkleber sein oder einfach auch nur ein Häkchen auf einer Liste. Bei Erreichen eines bestimmten Punktwertes kann das Kind ein Privileg einlösen, zum Beispiel die Technik in Ihrer Stunde bedienen oder, sofern das machbar ist, in einer Pause im Zimmer bleiben. Wenn Sie Sorge haben, dass die anderen Schüler auch für ihre Hausaufgaben belohnt werden möchten, dann könnten Sie auch der gesamten Klasse am Ende der Woche eine Belohnung zukommen lassen. Vielleicht könnten die Kinder am Ende der Woche oder des Monats für eine bestimmte Anzahl von Hausaufgabenpunkten (für alle einzeln oder alle gemeinsam festgelegt) sich einen Film aussuchen, der geschaut wird oder dürfen bei einer Ihrer Stunden aussuchen, worum es primär gehen soll (natürlich alles im Rahmen Ihres Stundenplans). Vielleicht können Sie die Kinder auch entscheiden lassen, was sie an den Wänden hängen haben wollen oder wie die Sitzordnung sein kann.

Viele Kinder akzeptieren aber, dass ein Kind im AS mehr Motivation von außen als andere braucht und bestehen gar nicht darauf, dass sie ebenso konsequent belohnt werden müssen für Dinge, die auch vorher für sie schon (einigermaßen) selbstverständlich waren.

Das Kind ist mit den Hausaufgaben überfordert oder unterfordert

Sprechen Sie mit den Eltern des Kindes über die Möglichkeit einer Nachmittagsbetreuung oder Hausaufgabenhilfe, wenn das Kind überfordert ist. Vielleicht ist es möglich, bereits im Vorfeld oder mit Hilfe des Schulhelfers Aufgaben transparent und überschaubar zu machen. Reduzieren Sie die Aufgabenmenge auf ein Maß, welches das Kind bewältigen kann und heben Sie alle wichtigen Details hervor, die es beachten muss (damit es unwichtige Details weglassen kann). Wenn das zeitlich nicht geht, dann könnte diese Arbeit eine externe Person übernehmen. Sie könnten diese Person einmalig instruieren, um ihr zu helfen, das Richtige zu tun. Bei Verständnisschwierigkeiten, die über die Aufgabenstellung hinaus gehen, ist Nachhilfeunterricht angezeigt. Dieser sollte sich am Lernstil des Kindes orientieren (meist sind Kinder im AS ganzheitlich visuelle Denker), denn wenn ein Kind mit dem „falschen Kanal" lernt, ist es kein Wunder, wenn es überfordert ist.

Wenn das Kind unterfordert ist, dann ist es ratsam, über „Bonus-Aufgaben" nachzudenken. Können Sie dem Kind Aufgaben mitgeben, die die Mitschüler noch nicht lösen können? Oder zumindest solche, die einen höheren Schwierigkeitsgrad aufweisen? Vielleicht kann das begabte Kind als Hausaufgabenhelfer für andere Schüler fungieren? Wenn es seine eigenen Aufgaben gemeinsam mit einem anderen Kind löst, welchem es dabei hilft, erscheint die Aufgabenbearbeitung weniger sinnlos. Auf diese Weise können auch die sozialen Kompetenzen des Schülers im AS gefördert werden. Er fühlt sich wichtig, da er anderen helfen kann und übt auf diese Weise seine Kontaktfähigkeit.

Das Kind vergisst die Hausaufgaben oder ist abgelenkt

Als Lehrer können Sie nicht viel gegen das Vergessen von Hausaufgaben unternehmen. Sie können nur dafür sorgen, dass das Kind die Hausaufgaben wirklich in sein Hausaufgabenheft einträgt. Notfalls kann das auch der Schulhelfer erledigen, damit es wirklich sicher notiert wird. Erfahrungsgemäß schreiben viele Kinder gar nicht immer zuverlässig mit und wenn, dann wird das vorher Notierte später einfach nicht mehr wahrgenommen. Im häuslichen Bereich müsste es eine Erinnerungshilfe dafür geben, zum Beispiel ein großes Plakat am Zimmereingang mit der Aufschrift: *„Hausaufgaben auf? Schau in dein Heft und* *erledige die Aufgaben!"*. Es kann auch ein Familienmitglied diese Erinnerungshilfe übernehmen. Sprechen Sie sich diesbezüglich mit den Eltern des Kindes ab. Wenn die Eltern arbeiten, kann ein Geschwisterkind die Erinnerungshilfe sein oder die Eltern legen in alle Zimmer einen Zettel mit der Anweisung, in das Mitteilungsheft zu schauen und die Hausaufgaben zu erledigen.

Häusliche Belohnungssysteme können die Motivation des Kindes, diesen Anweisungen Folge zu leisten, erhöhen.

Das Kind sieht keinen Sinn in Hausaufgaben

Sie können nicht alle Kinder hinsichtlich der Sinnhaftigkeit einer Hausaufgabe überzeugen. Oft hilft auch ein Verweis auf das Schulgesetz. Was in einem Gesetz verankert ist, gilt es zu befolgen!

Sie können deutlich machen, warum es laut Gesetz Hausaufgaben gibt, also wofür sie da sind und was sie ganz allgemein bezwecken sollen. Sagen Sie dem Kind ruhig und deutlich, dass es eine Regel ist, seine Hausaufgaben zu machen. Führen Sie sich folgende Fragen vor Augen: Wo, was, wer, wann und wie? Diese Fragen sind es, die Sie dem Kind beantworten sollten. Colette de Bruin nennt diese Fragen „Die entscheidenden 5" und hat dazu ein Buch geschrieben. [13] Man könnte dem Kind also sagen:

In der Schule (wo?) bekommen alle Kinder (wer?) Hausaufgaben (was?) auf. Hausaufgaben bekommt man immer am Ende einer Stunde auf und erledigt sie am besten sofort, wenn man nach Hause kommt. Dort setzt man sich an einen ruhigen Platz und schaut, was man tun muss. Dann arbeitet man es ab und hat danach Freizeit (wann und wie?)".

---

[13] Colette de Bruin. Die entscheidenden 5. Ein Leitfaden zur Erziehung und Betreuung von Kindern mit Autismus. 2013.

Kinder im AS profitieren von solch klaren Anweisungen. Sie haben vielmehr Probleme mit dem „WARUM" (daher ist die Frage auch nicht aufgetaucht bei den fünf Fragen), da sie die Antworten auf ein „WARUM" oft nicht wirklich verstehen oder einordnen können. Ein Kind mit dem „WARUM" zu konfrontieren, ist also meistens nicht zielführend.

Antworten, die autistischen Kindern wirklich helfen, sind keine Antworten, die sich auf Zusammenhänge oder Gefühle einer Situation oder eines Sachverhalts beziehen. Es helfen vielmehr Antworten, die sich auf konkrete Tatsachen beziehen, welche auf Vereinbarungen und Regeln beruhen (Siehe de Bruin, S. 67). Oder eben auf ein Gesetz.

Daher: Hausaufgaben sind Vereinbarungen zwischen Schülern und Lehrern und die Regel lautet, dass man sie macht. Das gilt auch dann, wenn im Zuge eines Nachteilsausgleichs eine Reduzierung von Hausaufgaben ermöglicht wird.

1.7 Mündliche Mitarbeit

Eigentlich kann Tine (15 Jahre) in Geschichte alles richtig gut. Sie weiß viel und schreibt immer nur sehr gute Arbeiten/Klausuren/Tests. Sie ist also eine Einserkandidatin – wenn sie doch nur mündlich etwas aktiver wäre. Sie meldet sich so gut wie nie und wenn sie etwas gefragt wird, weigert sie sich zu sprechen.

Viele Kinder im Autismus-Spektrum haben zu Beginn ihrer Schullaufbahn mit grundsätzlichen Fragen zu kämpfen, die den Ablauf eines Schulalltags betrifft. Wann muss ich mich melden? Warum fragt der Lehrer immer Dinge, die er eigentlich längst weiß oder wissen sollte? Wieso darf ich nichts fragen, was gerade nicht „hierher gehört?". Das eine kann also eine Unsicherheit bezüglich solcher schulinternen Regeln sein, wenn es darum geht, mündlich mitzuarbeiten. Dazu kommt bei vielen Kindern, dass sie durch ihre Vorgeschichte, die meistens bereits früh Ausgrenzung und häufiges Aufsuchen von Ärzten und Psychologen umfasst, tiefgreifend verunsichert sind. Es kommt also eine soziale Ängstlichkeit dazu, die das selbstbewusste mündliche Mitarbeiten nicht fördert.

Es gibt aber auch noch einen weiteren Grund für die mangelnde Mitarbeit. Es fällt sehr vielen Kindern schwer, eine passende Antwort auf eine Frage zu geben. Manchmal wissen die Kinder so viel dazu zu sagen, dass sie gar nicht wissen, wo sie anfangen und aufhören sollen. Wie viel darf ich denn nun dazu sagen? Warum will der Lehrer das alles jetzt doch gar nicht wissen? Warum sagt er, dass er die Frage so nun auch wieder nicht gemeint hat oder ich nicht so viel sagen darf? Wie oft darf/muss ich etwas sagen?

Auch das freie Sprechen ist ein Problem, da viele Zeit brauchen, das Gedachte in angemessene Worte zu kleiden. Sie müssen Bilder, die sie anstelle von Gedanken im Kopf haben oder gar Gefühle erst einmal übersetzen. Das dauert. Der Satz, der dabei herauskommt, sollte dann auch vorher schon feststehen, damit er gut nach außen gebracht werden kann. Die Kinder möchten sich also nur melden, wenn sie sich vorher genau überlegt haben, was sie sagen wollen. Dafür fehlt in der Regel die Zeit. Sie möchten sich der Schmach nicht aussetzen, aufgerufen zu werden, um dann stammelnd nach einer richtigen Formulierung zu suchen, während alle sie beobachten und (eventuell) einige auslachen.

Tipps

Diese Schwierigkeit der mündlichen Mitarbeit kann im Rahmen eines Nachteilsausgleichs möglicherweise behoben werden. Es gibt die Möglichkeit, bei Kindern im AS die schriftliche Mitarbeit zu einem höheren Prozentanteil als bei anderen zu bewerten und somit die mündliche Mitarbeit weniger zu gewichten.

Vielleicht können Sie auch Absprachen mit dem Kind treffen und ihm einige Fragen vorab zukommen lassen, damit es lange genug Zeit hat, sich auf eine Antwort einzustellen. Auf diese Weise lernt das Kind wenigstens – gut vorbereitet – vor anderen Kindern zu sprechen.

Die anderen Kinder sollten über die Schwierigkeiten ihres autistischen Mitschülers nach Möglichkeit aufgeklärt werden. Vielleicht kann der Schüler selbst ihnen seine Denkprozesse beschreiben. Es ist spannend im Unterricht zu thematisieren, dass Menschen unterschiedlich denken können. Wie kann man Bilder, die man im Kopf hat, in Worte fassen? Sagen Sie den Schülern, dass das viel länger dauert und gar nicht so einfach ist. Auch ist es schwer, wenn man sehr viel Wissen zu einem Themengebiet hat, das ganze Wissen zusammenzufassen und nur eine „kurze" Antwort zu geben. Wenn die anderen Kinder wissen, warum ihr autistischer Mitschüler so lange braucht, um zu antworten oder stottert, dann haben sie vielleicht das eine oder andere Mal etwas mehr Geduld mit ihm.

1.8   Wenn der „Nachteilsausgleich" zur „Extra-Wurst" wird

Frau Krämer ist langsam genervt. Ihr autistischer Schüler René (11 Jahre) darf immerzu Dinge, die die anderen Schüler nicht dürfen. Er muss kein Gedicht aufsagen, bekommt immer mal wieder eine Auszeit, darf sich bei Klassenarbeiten Aufgaben aussuchen und wird sogar für bestimmte, eigentlich selbstverständliche Verhaltensweisen mit Smileys und kleinen Bonbons belohnt. Die anderen Kinder kommen schon zu ihr und beschweren sich.

Sie wollen auch eine Auszeit oder einen Bonbon haben.
Frau Krämer weiß sich nicht recht zu helfen. Ob dieser
„Nachteilsausgleich", den René bekommen hat, ihm
nicht mehr Nachteile als Vorteile bringt?

Der Nachteilsausgleich gleicht durch die „Behinderung" entstandene Nachteile eines Kindes im AS im schulischen Bereich aus. Er bedeutet keine Bevorzugung des Schülers (siehe Rechte von Menschen mit Autismus. Autismus Deutschland e.V.) Auch ist ein solcher Nachteilsausgleich nicht an einen sonderpädagogischen Förderbedarf gekoppelt (man kann ihn also auch beantragen, ohne dass ein solcher Förderbedarf festgeschrieben ist), eine Autismus-Diagnose reicht aus. Ein Nachteilsausgleich kann von Eltern autistischer Kinder oder den volljährigen Schülern selbst beantragt werden. Sie können die Lehrkräfte auch formlos auf Unterstützungsbedarf hinweisen. Schulleitung und Lehrkräfte entscheiden dann über den zu gewährenden Nachteilsausgleich. Dieser erscheint nicht im Zeugnis.

Grundlage ist das Grundgesetz, demzufolge niemand aufgrund einer Behinderung benachteiligt werden darf.

Nachteile ergeben sich durch die autismusspezifische Art des Denkens, Fühlens und Wahrnehmens, wenn es um Anforderungen geht, die an Schüler angepasst sind, die nicht autistisch sind. Im Grunde bezieht sich das auf fast alle Unterrichtsfächer und soziale Anforderungen im Gruppen- oder Klassengeschehen. In diesem Sinne ist die Bezeichnung „Behinderung", wenn man sie nicht negativ konnotiert, durchaus korrekt. Denn im Grunde genommen bräuchten autistische Schüler ein anderes, spezieller auf sie abgestimmtes Lernumfeld. Aber auch im Zuge eines Nachteilsausgleichs kann schon viel Positives für den Schüler erreicht werden.

Ein Nachteilsausgleich kann zum Beispiel wie folgt aussehen:

- Zeitverlängerungen für Klassenarbeiten und Prüfungen, für die Erledigung von Arbeitsblättern, beim Abschreiben von Texten (hier kann auch zum Beispiel der Nachbar helfen) und ähnliches
- Wahl des Sitzplatzes nach den Bedürfnissen des Schülers
- Gegebenenfalls Schreiben von Klassenarbeiten in separaten Räumen
- Andere Maßstäbe zur Beurteilung der Schrift, Heftführung, bei Zeichnungen in Geometrie und ähnlichen Bereichen
- Manchmal ist es notwendig, dass (zumindest teilweise) am Computer geschrieben wird
- Ermöglichung von Auszeiten auch während des Unterrichts: Zum Beispiel Verlassen des Klassenzimmers
- Reduzierung von Hausaufgaben
- Spezifisch gestaltete Arbeitsblätter
- Aufenthalt im Klassenzimmer während der Pause
- Gegebenenfalls Einzelarbeit bei Gruppenaktivitäten
- Im Sportunterricht müssen nicht alle Bereiche bewertet werden. Gegebenenfalls kann die Note auch ganz ausgesetzt werden. Dasselbe gilt für das Schwimmen
- Eventuell Befreiung vom Schwimmunterricht, vielleicht auch vom Sportunterricht
- Befreiung von außergewöhnlichen, nicht gewohnten Veranstaltungen wie Ausflügen, Schulfesten und ähnliches
- Je kleiner die Klasse, desto besser für das Kind. Manchmal sind schulinterne Regelungen möglich
- Vielerlei individuelle Rituale im Schulalltag. Dazu gehört beispielsweise auch, dass das Kind beim

Wechseln des Klassenzimmers immer denselben Sitzplatz beibehalten darf, wenn es möchte (möglichst vorne, manchmal alleine)

(Quelle: http://www.autismus-verstehen.de/kinder_und_jugendliche/schule/nachteilsausgl eich.html und Rechte von Menschen mit Autismus. Autismus Deutschland e.V.)

Wenn man sich diesen Nachteilsausgleich beziehungsweise die Möglichkeiten eines solchen durchliest, könnte man – wie Frau Krämer – vielleicht meinen, es handele sich um ziemlich viele „Extra-Würste", die autistischen Schülern gebraten werden. Er oder sie darf einfach das Klassenzimmer verlassen oder muss weniger Hausaufgaben als die anderen Kinder machen? Es darf immer denselben Sitzplatz behalten, während die anderen rotieren sollen? Wie soll ich das machen und vor allem vor den anderen Kindern rechtfertigen? Das sind berechtigte Fragen, die sich sicher nicht nur Frau Krämer stellt.

Eins vorweg: Die genannten Maßnahmen im Zuge des Ausgleichs sind notwendig für viele autistische Kinder. Werden sie nicht berücksichtigt, sind die Kinder überreizt (Overload, Meltdown, Shutdown), gestresst und überfordert. Die Folge ist dann das bereits beschriebene „Störverhalten" im Unterricht und das möchte man ja vermeiden und dem Schüler im AS eine vergleichbare Leistungsfähigkeit ermöglichen wie den anderen Kindern. Daher sollte man immer berücksichtigen, dass diese Ausgleichsmaßnahmen nicht dafür da sind, den Schüler grundsätzlich zu belohnen, während man andere Kinder links liegen lässt. Sie sind nicht dafür da, einen Schüler anderen gegenüber zu bevorzugen, geschweige denn „elitär" zu behandeln. Die Maßnahmen sind dafür da, ein Kind von einem erheblichen Leidensdruck zu befreien. Auch wenn man es dem Kind nicht immer sofort ansieht, es ist autistisch und einst viel dieses „Störungsbild" in die Rubrik „Tiefgreifende Entwicklungsstörungen" (heute Autismus-Spektrum), was etwas darüber aussagt, wie schwerwiegend die verschiedenen Wahrnehmungsweisen in Bezug auf die Bewältigung eines „nicht-autistischen Schulalltags" sein können.

Tipps

Die Frage, die zuvor geklärt werden sollte ist: Dürfen die Mitschüler etwas über den Autismus des Mitschülers erfahren? Wenn ja, wird es leichter für Sie als Lehrer, wenn Sie mit der oben genannten Problematik zu tun haben. Sie haben dann eine Argumentationsbasis wie ich, wenn ich Schulklassen aufkläre.

Meine persönliche Haltung zu diesem Thema ist, dass Kinder lernen können, dass man Menschen durch diverse Maßnahmen helfen kann, sich besser zu fühlen, OHNE dass man gleichzeitig andere (die diese Probleme gar nicht haben) ebenfalls „privilegiert" behandelt muss. Denn ein „Privileg" ist es für das autistische Kind nicht. Es ist lediglich eine Überlebenshilfe im Schulalltag, die andere Kinder in dieser Form nicht benötigen. Daher brauchen sie auch keine kurzen Pausen innerhalb des Unterrichts oder müssen nicht von Gedichtinterpretationen befreit werden. Der Unterschied ist: Ein autistischer Schüler kann keine Gedichte interpretieren so wie Lehrer sich das wünschen. Er erkennt kaum Zusammenhänge und kann Gefühle anderer nicht ausreichend einschätzen, geschweige denn Absichten von Autoren in Texten vergleichbar erkennen. Ein Schüler ohne Autismus hat vielleicht auch Probleme beim Interpretieren von Gedichten, aber die dafür notwendigen Fähigkeiten sind in der Regel besser vorhanden.

Um diese Hürden transparenter zu machen, können Sie sich eine „Autismus-Fachkraft" (oder vielleicht sogar einen Elternteil des autistischen Kindes) in den Unterricht einladen, die mit den Kindern spricht, ihnen die wesentlichen Aspekte des Autismus nahebringt und Fragen beantwortet. Das sollte natürlich nur im Einverständnis mit dem Kind und dessen Eltern erfolgen. Damit habe ich sehr gute Erfahrungen gemacht. Schüler sind offen für das Thema und in der Regel verständig und hilfsbereit. Sie möchten nur wissen, wieso ein Kind sich so und so verhält und wofür dieses Kind dieses oder jenes „Privileg" bekommt.

Wenn die Schüler nun allerdings nicht wissen, dass der Mitschüler besondere Schwierigkeiten hat, denen Sie als Lehrer versuchen Rechnung zu tragen, dann wird es ein wenig komplizierter. Sie können sich dann behelfen, indem Sie zwar das Wort Autismus nicht erwähnen aber betonen, dass der Schüler bestimmte Schwierigkeiten hat, die Sie nicht benennen wollen oder können (dass er Schwierigkeiten hat, bekommen die Kinder sowieso mit). Sagen Sie, dass diese Schwierigkeiten Ihrer Ansicht nach weitreichend und in diversen Bereichen schwerwiegend sind, so dass sie Ihre Maßnahmen erklären. Dass es etwas ist, was die Schüler akzeptieren müssen und sollten, da sie vergleichbare Probleme nicht haben. Natürlich hängt das immer ein wenig damit zusammen, wie erkennbar diese Probleme für die anderen Kinder sind. Im Zweifel sollten Sie mit den Eltern (und gegebenenfalls dem Kind) sprechen und gemeinsam darüber nachdenken, ob eine Aufklärung für die Schulklasse nicht doch hilfreich wäre. Ich habe bereits einige Jugendliche erlebt, die von sich aus wollten, dass die Mitschüler von einer Fachkraft aufgeklärt werden. Erfahrungsgemäß wird ansonsten viel spekuliert, auch von Seiten der Eltern. Was ist mit diesem Kind los? Warum benimmt es sich so komisch? Sind da die Eltern schuld? Zu wissen, worum es sich bei Autismus handelt, ist in vielen Fällen eine gute präventive Maßnahme gegen Mobbing oder sonstige Ausgrenzungen. Eine Stigmatisierung „Autismus" ist manchmal besser als das, was Unwissenheit in den Köpfen der Menschen verursacht. Bekanntlich macht alles, was wenig bekannt ist, Angst. Ich habe Schüler erlebt, die sich bei ihrem autistischen Mitschüler entschuldigt haben, weil sie ihn „aufgezogen" haben, ohne etwas über das Problem des wortwörtlichen Verstehens von Sprache zu wissen.

Sollten Eltern und Schüler sich jedoch gegen eine solche Aufklärung aussprechen, müssen Sie weiter immer etwas um den heißen Brei herumreden und versuchen, generell ein Verständnis für „Anderssein" zu wecken. Das ist allerdings auch nicht immer einfach, da viele Kinder anders als andere sind und das ein relativer Begriff ist. Sie können es daher nur an ganz konkreten, für alle erkennbaren Auffälligkeiten festmachen. Meistens reicht die Präsenz eines Schulhelfers aus, um „Privilegien" zu rechtfertigen. Manchmal benötigen die Kinder dennoch mehr Aufklärung.

Sie können die Kinder auch einbeziehen. Frau Krämer könnte die Klasse zum Beispiel fragen: Wenn es euch stört, dass René kein Gedicht aufsagen muss (weil er das nicht kann), was könnte er zum Beispiel dann als Ausgleich dafür tun? Soll er eine zusätzliche Aufgabe woanders erhalten, etwas, was er (sehr) gut kann? Oder was meint ihr?"

Fragen Sie das autistische Kind, was es davon hält. Vielleicht kann die ganze Klasse Vereinbarungen schließen oder Regeln aufstellen. Auf diese Weise sind die anderen Kinder einbezogen und handeln Dinge aus, die sie selbst mitgestaltet haben und daher auch an deren Umsetzung mitzuarbeiten bereit sind. Das gilt dann auch für den autistischen Schüler.

Man kann natürlich auch ab und an – als Ausgleich für die anderen Kinder – die gesamte Klasse für besonders gute Leistungen belohnen.

1.9 Vertretungslehrer und sonstige unvorhergesehene Ereignisse

Laurenz (7 Jahre) randalierte neulich in der Vertretungsstunde, ohne dass es dafür einen sichtbaren Anlass gab. Er schmiss sogar Stühle um und regte sich fürchterlich auf. Herr Renz, der die Klasse erstmalig vertrat, verstand die Welt nicht mehr. Sein Erscheinen hatte noch nie für so viel (negative) Furore gesorgt. Er kam in die Klasse und das Kind schrie. Auch die Mitschüler hatten dafür keine Erklärung.

Vertretungsstunden sind immer unvorhergesehene Ereignisse und damit für Kinder im AS äußerst entbehrlich. Ihr Denken liebt klare Strukturen und Vorhersehbarkeit. Routinen, die man im Schulkontext meistens findet, kommen ihnen entgegen. Dazu gehören bestimmte Menschen, die bestimmte Fächer unterrichten. Laurenz hat Frau Müller für den Mathematikunterricht erwartet und nicht Herrn Renz, der normalerweise Musik unterrichtet. Mathematik ist für Laurenz untrennbar mit Frau Müller verbunden und es ist nicht vorstellbar für ihn, dass ein Musiklehrer etwas von Mathematik versteht. Selbst wenn, dann gehört er für Laurenz auf keinen Fall in diese Stunde, die ausschließlich Frau Müller vorbehalten ist.

Die unangekündigte Veränderung hat das Kind komplett aus der Bahn geworfen. Laurenz weiß nicht, was geschieht und warum es geschieht. Dieses Unvorhergesehene bringt seine innere, mühevoll aufgebaute innere Struktur ins Wanken und reißt ihm den Boden unter den Füßen weg.

Dieses Gefühl spiegelt er für die Außenwelt sichtbar in Form seines „randalierenden Verhaltens".

Klare Strukturen und Routinen, Hilfen beim Tagesablauf in Form von Visualisierungen, deutliche Verhaltensregeln und Tokensysteme sowie das bildhafte Aufzeigen von Zeit sind überlebensnotwendige Hilfen für Kinder im Autismus-Spektrum, wenn sie in eine Schule gehen sollen. Jegliche Orientierungshilfe ist vorteilhaft, selbst die Orientierung im Raum oder der Ort, an dem eine Schulmappe abgestellt werden soll, muss verdeutlicht werden. Die Kinder benötigen oft an Stellen Hilfe, an denen wir es nicht erwarten.

Ein Vertretungslehrer scheint für uns eine Lappalie zu sein. Viele Kinder freuen sich sogar darüber, da Vertretung oft mit Spaß und Unterrichtsausfall gekoppelt ist. Die meisten Kinder sind flexibel und stellen sich sofort auf den Wechsel ein. Für autistische Kinder bedeuten Wechsel aber manchmal wirklich einen Weltuntergang.

Die innere Not, die sie dann empfinden, können wir uns kaum vorstellen. Ein Orkan wütet in ihnen und sie versuchen auf diese Weise, den Stress abzubauen.

Tipps

Eine im Schulverlauf eintretende Veränderung sollte immer, sofern möglich, im Vorfeld behutsam angekündigt werden. Im Notfall würde ich Lehrern empfehlen, die Eltern des Kindes am Abend zuvor zu kontaktieren, falls eine Änderung sehr spontan erfolgt. Für den Fall, dass sie am selben Tag erst eintritt, ist es zumindest hilfreich, das Kind vor der Vertretungsstunde zur Seite zu nehmen und die Änderung zu besprechen.

Je kurzfristiger eine Änderung erfolgt, umso eher müssen Sie mit einer heftigen Reaktion des Kindes rechnen. Nicht alle Kinder haben solche großen Veränderungsängste, aber wenn Sie wissen, dass das Kind sensibel auf Umbrüche reagiert, planen Sie bei unerwarteten Ereignissen Zeit dafür ein, das Kind zu beruhigen oder sorgen Sie dafür, dass jemand in der Nähe ist, der das Kind in einen Ruheraum begleitet, bis die erste Aufregung vorbei ist.

Solange ein Kind große Probleme mit Veränderungen hat, ist es sinnvoll, das Kind immer am selben Platz sitzen zu lassen. Veränderungen des Sitzplatzes haben häufig innere Unruhe zur Folge, die vermeidbar ist. Lassen Sie das Kind einen Gegenstand bei sich tragen, der Sicherheit spendet. Das kann ein Stein sein, ein Stofftier oder ein Auto oder was auch immer das Kind braucht. Viele Kinder fühlen sich wohl in der Schule, weil der Unterricht einem festen Plan folgt, der Struktur und Halt gibt. Gerade das ist eine Ressource des Schulbetriebs, der ja sonst viele soziale Hindernisse und Hürden für Kinder im AS bereitstellt. Aber die feste Struktur ist eine gute Sache, daher sollten Sie als Lehrer diese Tatsache zu einem Pluspunkt für sich machen.

Es empfiehlt sich, ein Flexibilitätstraining mit dem veränderungsängstlichen Kind durchzuführen. Am besten ist es, wenn dieses zunächst im häuslichen Bereich angebahnt wird, in dem das Kind sich am sichersten fühlt. Von dort aus kann man das Training ausweiten. Ein autistisches Kind jedoch ständigen Veränderungen auszusetzen, damit es lernt wie die Welt funktioniert, ist nicht ratsam. Lieber allmählich und behutsam an solche Veränderungen heranführen, bis die innere Sicherheit vorhanden ist. Dass das im Alltag nicht immer möglich ist, liegt auf der Hand. Vermeiden Sie jedoch Änderungen, die unnötig sind für das Kind und versetzen Sie sich in seinen psychischen Zustand. Das Kind kann nicht zwischen wichtigen und unwichtigen Reizen unterscheiden, da alles, was in seinem Gehirn ankommt, wichtig zu sein scheint. Ihm fehlt es an Halt und Struktur und sein inneres

Gleichgewicht ist daher schnell aus dem Lot zu bringen. Vieles ist für das Kind angstbesetzt, da es nicht verstanden wird. Das Kind klammert sich an allem fest, was es versteht oder zu verstehen glaubt. Gleichmäßige Handlungsabläufe oder Vorgänge sind also Rettungsanker für ein Kind im Autismus-Spektrum. Werfen Sie dem Kind immer wieder einen Rettungsring zu, wenn das Leben aus den Fugen zu geraten droht.

2. STOLPERSTEINE IM GRUPPENVERHALTEN

Gruppensituationen sind immer Hürden für Kinder im Autismus-Spektrum. Eine Schulklasse ist eine Gruppe. In der Pause sammeln sich Kinder in Gruppen. Im Gruppenverhalten zeigen sich mitunter Schwierigkeiten, die wir in einer 1:1-Situationen gar nicht wahrnehmen. Wenn wir als Erwachsene mit autistischen Kindern agieren, zeigen sich mitunter keine besonderen Auffälligkeiten im Verhalten. Wirklich Probleme hat es meistens mit gleichaltrigen Kindern oder immer dann, wenn ein bestimmtes Verhalten in einer bestimmten Situation erwartet wird.

2.1 Gruppenarbeit

Ramona (9 Jahre) hat häufig Bauchschmerzen und fehlt im Unterricht, wenn eine Gruppenarbeit ansteht. Findet diese spontan statt, hat ihre Lehrerin größte Mühe, Ramona davon abzuhalten, aus dem Klassenzimmer zu rennen. Das Mädchen wird unruhig, schaukelt hin und her oder beginnt, vor sich hin zu summen. Ihre Lehrerin versucht immer wieder, Ramona behutsam an diese Form

des gemeinsamen Arbeitens heranzuführen, aber lang-
sam gibt sie die Hoffnung auf, dass das klappt.

Eine Gruppe bedeutet: Mit anderen gemeinsam etwas machen müssen. Sich auf andere einstellen und diese „anderen" verstehen können. Genau das ist es, was die Kinder aufgrund ihrer Diagnose nicht gut können. Es ist also kein Wunder, dass sie Dinge lieber alleine tun, auch wenn bestimmte Aufgaben manchmal besser zu mehreren gelöst werden können (zum Beispiel, weil die Aufgabe komplex ist oder umfangreich und jeder einen Teil übernehmen kann. Dazu kommen soziale Kompetenzen, die Gruppenarbeit fördert.).

Aufgrund der Schwierigkeit, soziale Zusammenhänge zu verstehen und soziale Hinweisreize für sich im Rahmen der Kommunikation und Interaktion zu nutzen, gelingt es Kindern im AS häufig nicht, sich auf ihr Gegenüber einzulassen. Betroffene fragen sich oft: „Was wollen andere von mir? Was fühlt die Person? Wie erkenne ich das? Wenn ich weiß, dass ich das an der Mimik, Gestik und Körpersprache erkennen könnte, warum geht das alles so schnell in der Interaktion mit den anderen? Das Gesicht verändert sich ständig und das, was die Personen mit ihren Händen und Füßen nebenbei machen, bekomme ich dann gar nicht mehr mit. Menschen sind wirklich seltsam. Sie wollen, dass ich ihnen zuhöre und sie dabei gleichzeitig ansehe. Das kann ich nicht. Entweder höre ich zu oder ich sehe sie an. Aber wenn ich sie ansehe, dann vertrage ich den Blickkontakt nicht."

Die Wahrnehmung von Menschen im AS ist von Anfang an nicht auf Gesichter geeicht, sondern eher auf Gegenstände. Sie fixieren Muster statt die lächelnden Eltern zu beobachten. Wenn schon ein Mensch überfordernd ist, wie soll es Betroffenen dann mit einer ganzen Gruppe solcher Wesen ergehen?

Das Kind im AS wird also im Rahmen von Gruppenarbeit mit allen sozialen Hürden konfrontiert, die es sich vorstellen kann. Dazu kommt, dass es nicht nur nicht zuverlässig weiß, was andere denken, fühlen und beabsichtigen, sondern auch in Bezug auf das auszuarbeitende Themengebiet vermutlich nicht immer konform mit den Mitschülern ist. Wenn es um ein Thema geht, bei dem sich das Kind gut auskennt, dann möchte es meistens den Ton angeben. Es weiß auch wirklich oft am besten Bescheid, jedenfalls wenn es um Fakten oder Logik geht. Es ist dann nicht imstande abzuwarten, bis andere ähnliche Lösungswege finden oder es hält die anderen schlicht und ergreifend für dumm. Bis es den anderen alles erklärt oder alle Fakten aufgezählt hat, macht es das alles lieber alleine.

Wir wissen, dass sie sich stundenlang und akribisch mit einzelnen Themen befassen können, wenn es zum Beispiel ihre Spezialinteressen betrifft. Sie arbeiten lieber länger an einem Thema als die Arbeit mit anderen abzukürzen, zumindest wenn sie das Thema interessant finden.

Tipps

Auch die Gruppenmitarbeit kann im Rahmen des Nachteilsausgleichs geregelt werden. Vielleicht ist es möglich, dass das autistische Kind fest umschriebene Aufgaben erhält, die es im Rahmen dieser Gruppenarbeit erledigen soll. Geben Sie ihm klare Anweisungen an die Hand. Während die anderen Kinder sich selbstständig einigen können, kann das Kind auf diese Weise dennoch einen Beitrag zur Gruppe leisten, ohne durch mangelnde soziale Kompetenzen ausgegrenzt zu werden.

Es erfährt dadurch: Ich arbeite diesen einen Teil oder diesen kleinen Aufgabenkatalog ab, während die anderen den Rest erarbeiten. Alles zusammen ist dann eine gemeinschaftliche Aufgabenlösung.

Sie könnten dem Kind auch einen „Assistenten" oder „Buddy" zur Seite stellen, der mit ihm gemeinsam im Rahmen der Gruppenarbeit agiert. Auf diese Weise kann das autistische Kind von seinem Coach profitieren und lernen, wie man ein solches Projekt bewältigen kann. Das ist ein bisschen so wie bei einem Kind, welches ein Gesellschaftsspiel noch nicht allein beherrscht. Dann ist es üblich, dass ein Erwachsener oder ein größeres Kind am Anfang mit ihm spielt, um es lernen zu lassen. Autistische Kinder sind zwar gleich alt wie die anderen Kinder in ihrer Klasse, aber aufgrund des Autismus haben sie im sozialen Bereich Entwicklungsrückstände, die nicht unberücksichtigt gelassen werden dürfen.

2.2 Die Pause

Lutz (12 Jahre) weigert sich in den Pausen, das Klassenzimmer zu verlassen. Gutes Zureden („du brauchst frische Luft", „du brauchst Erholung") hilft nicht. Manchmal, wenn ihm eine Belohnung versprochen wird, verlässt Lutz widerstrebend das Zimmer, schließt sich dann aber minutenlang in der Jungen-Toilette ein. Manchmal suchen die Lehrer ihn die komplette Pause über und verstehen einfach nicht, was so schwer daran sein kann, ein paar Minuten ins Freie zu gehen.

Die Pausensituation ist von der Problematik her ähnlich gelagert wie die Gruppenarbeit. Eine Pause birgt Strukturlosigkeit und soziale Gefahren. Sie ist sogar erschreckender als eine Gruppenarbeit, da diese Arbeit zumindest definiert, was zu tun ist. In einer Pause sieht der Schüler im AS sich mit einer vollkommen unstrukturierten und ziellos erscheinenden Situation konfrontiert, die zudem einen Berg an sozialen Fallen bereitstellt. Was soll ich in der Pause tun? Wenn ich zu den anderen gehe oder gehen soll, was soll ich sagen, wie mich verhalten? Kaum hat man ein Thema gefunden, klingelt es auch schon wieder unerträglich laut zur nächsten Unterrichtsstunde.

Während andere Schüler jeder Pause freudig entgegen fiebern, weil diese ihnen endlich eine Auszeit vom Schulstoff und Gelegenheit zum Small Talk liefert, bleibt der Schüler im AS lieber im Klassenzimmer sitzen und liest ein Buch. Es interessiert ihn nicht, wer in wen verliebt ist oder wer mit wem gerade Schluss gemacht hat. Die neueste Mode ist uninteressant ebenso wie Sport, Kino oder Kosmetik. Davon abgesehen sind es meistens viel zu viele Kinder, die gleichzeitig sprechen, so dass im ohrenbetäubenden Stimmengewirr sowieso kein zusammenhängender Satz verstanden wird.

Tipps

Hinterfragen Sie den Sinn von Pausen für einen Schüler im Autismus-Spektrum. Sicher ist frische Luft gut für das Gehirn und ein ablenkendes Gespräch für den sozialen Zusammenhalt der Klasse hilfreich. Für ihren „besonderen" Schüler jedoch besteht die Pause lediglich aus Stress. Durch diesen Pausenstress kann es sogar sein, dass der Schüler im Unterricht schlechter folgen kann als zuvor. Je mehr Reize auf das Gehirn des Schülers einprasseln, die unverarbeitet bleiben, umso größer die Gefahr für den zuvor beschriebenen Overload. Eine Pause ist also keine Erholung, es sei denn, der Schüler darf etwas machen, was ihm gefällt.

Manche Kinder im AS gehen gern in die ruhige Bibliothek, um sich zu entspannen. Andere bleiben einfach im Klassenzimmer sitzen oder suchen sich auf dem Schulhof (sofern sie diesen betreten) ein ruhiges Eckchen, um dort in Ruhe ihren Gedanken nachhängen zu können. Aus sicherer Distanz ist es sogar manchmal interessant, die anderen zu beobachten und ihr Sozialverhalten zu studieren. Drängen Sie also ein Kind im AS nie, sich zu den anderen zu stellen und mitzureden. Es wird das weder können noch wollen und wenn, dann nur von sich aus. Sollte der Schüler im Klassenzimmer bleiben wollen, könnten Sie auch Aufgaben anbieten, die ihm Spaß machen. Das kann das Tafelwischen sein, ein elektronisches Gerät einsatzbereit machen oder eine kleine Rätselsammlung lösen. Vielleicht können Sie einige Knobelaufgaben in eine Kiste tun, die sich der Schüler in der Pause nehmen kann. Was auch immer der Schüler mag, er sollte es in der Pause tun können, auch wenn es für Außenstehende nicht nach Vergnügen, sondern Arbeit aussieht. Tafel wischen, Aufgaben lösen oder Dinge sortieren: All das sind Aktivitäten, die einem Kind im AS Erholung verschaffen können.

Häufig ist es aus rechtlichen Gründen nicht leicht, ein Kind während einer Hofpause im Gebäude zu belassen. Dann kann man andere Lösungen suchen. Manche Kinder, mit denen ich arbeitete, halfen gern dem Hausmeister beim Laubfegen oder Müll entleeren. Das wurde für die Kinder nicht als Strafe, sondern als Entspannung empfunden. Sie hatten ein außergewöhnliches Sauberkeits- und Ordnungsempfinden, was auf diese Weise befriedigt werden konnte. Zu wissen, was in einer Pause getan werden kann, ist immerhin schon ein Schritt in Richtung Stressreduktion.

Sie könnten auch einen so genannten „Buddy" für den Schüler finden, der diesem im Rahmen einer Pausensituation zur Seite steht. Ähnlich wie im Rahmen einer Gruppenarbeit kann dieser Schüler (oder auch mal ein anderer) dem Kind helfen, sich in der Gruppe zurechtzufinden. Vielleicht kann der Buddy dabei helfen, ein Gespräch zu führen oder einfach nur da sein, um sich etwas über das Lieblingsthema des Kindes anzuhören. Für ein Kind im AS ist es lebensnotwendig, das Gefühl zu bekommen, akzeptiert zu sein und willkommen geheißen zu werden. Es ist nicht nötig, dass es an allem teilnimmt, aber die Bemühungen in diese Richtung seitens anderer ist viel Wert.

2.3 Die Essenssituation

Luna (15 Jahre) sondert sich in den Pausen immer ab. Während die anderen essen gehen, bleibt sie lieber allein auf dem Pausenhof und liest ein Buch oder hält sich im Innern des Schulgebäudes auf. Sie hat jeden Tag dasselbe zum Essen dabei: Ein Schulbrot, einen Apfel und einen Joghurtdrink. Die Mitschüler amüsieren sich ein wenig über das eigentümliche Verhalten, zumal der Joghurtdrink immer genau derselbe ist und sie jedes Mal zuerst das Brot, dann den Apfel isst und zum Schluss den Drink zu sich nimmt.

Das Verhalten von Luna ist recht typisch für Personen im AS. Sie lieben Gleichförmigkeit, Routinen und speisen daraus eine gewisse Sicherheit. Zumindest auf Dinge, die sich kontrollieren lassen, ist Verlass. So auch für die Nahrungsaufnahme. Abgesehen davon weiß Luna genau, was im Brot enthalten ist, wie gesund ein Apfel ist und aus welchen Zutaten der Joghurtdrink besteht. Sie weiß auch, dass genau dieser Drink ihr am besten schmeckt, so dass sie keine anderen mehr benötigt.

Mit den anderen in die Kantine gehen zu müssen würde sie wieder vor einige Stolpersteine stellen. Sie müsste die Lautstärke der Kantine ertragen sowie die grellen Lichter, die von der Decke strahlen. Überall klappert es mit Geschirr und Besteck zusätzlich zum Stimmengewirr. Luna müsste auf ihr Essen warten und das bedeutet meistens, sich währenddessen anstellen und vielleicht Small Talk halten zu müssen, was ihr in der Regel misslingt und worauf sie keine Lust hat. Zudem weiß sie in der Kantine nicht, was es zu essen gibt und ob sie das überhaupt mag. Sie weiß nicht, wie es gekocht wurde und ob ihr das Essen bekommt. Luna hatte schon immer mit Nahrungsmittelunverträglichkeiten zu kämpfen seit sie ein Baby war und die Konsistenz vieler Speisen verursacht noch immer einen Würgereiz. Die Auswahl dessen, was Luna zu sich nimmt, ist daher sowieso recht begrenzt und der Zufall will es selten, dass es genau das zum Essen gibt, was sie auch tatsächlich vertragen oder mögen würde.

Mit anderen an einem Tisch essen zu müssen, ist für Luna eine unerträgliche Vorstellung. Während andere essen und gleichzeitig Geräusche ausblenden und sich dabei unterhalten können, kann Luna das nicht. Sie wird von dem Lärm der Kantine und den Gesprächen der anderen komplett vom Essen abgelenkt. Sie kann einfach nicht alles gleichzeitig tun. Wenn sie isst, kann sie nicht zuhören, geschweige denn die Gesichter der anderen interpretieren. Das führt dazu, dass sie stillschweigend vor sich hin isst, während die anderen sie komisch ansehen. Am liebsten sitzt sie sowieso irgendwo allein in der Ecke. Sämtliche Bemühungen von Mitschülern und Lehrern in früheren Zeiten, sie an den Tisch der anderen zu setzen, hat sie torpediert.

Den meisten autistischen Schülern geht es wie Luna und infolge dessen halten sie sich lieber an Altbewährtes, welches sie sich selbst mitbringen, um es in der Pause an einem stillen Ort ganz alleine essen zu können.

Tipps

Essen ist eine persönliche, aber in den Augen vieler Menschen auch eine soziale Angelegenheit. Hier sollten wir umdenken. Es gibt Menschen – und dazu gehören unter anderem viele Personen aus dem Autismus-Spektrum – die es vorziehen, ohne Gesellschaft und den dazugehörigen Small Talk ihre Mahlzeiten einzunehmen. Das ist grundsätzlich kein Anzeichen für Missachtung oder Desinteresse anderen Personen gegenüber, sondern kann vielschichtige Gründe haben.

In der Schule sollte demnach nicht erwartet oder verlangt werden, dass Schüler im AS regelmäßig mit anderen essen gehen. Das gilt vor allem für Schulen, in denen Kinder mittags gemeinsam an Tischen sitzen, um ihr Mittagessen einzunehmen (zum Beispiel Schulen für geistige Entwicklung). Das heißt nicht, dass man es nicht versuchen kann. Es ist immer vorzuziehen, einem Schüler im AS den sozialen Kontakt zu anderen auch zu ermöglichen. Sofern Sie es versuchen und sichtbar gute Erfolge erzielen, ist das natürlich das Beste. Allerdings kann es im Zuge dieser Versuche zu vielen störenden Verhaltensweisen führen und wenn Sie erkennen, dass das Kind keinen Gefallen an der Situation findet, sollten Sie überdenken, ob Sie ihm nicht vielleicht doch einen separaten Essplatz gewähren könnten. An diesem separaten Platz kann das Kind in Ruhe und ohne soziale Ablenkung essen und gegebenenfalls auch das eigene, von zu Hause mitgebrachte Essen, einnehmen.

Ich kenne einen Schüler mit Frühkindlichem Autismus (mittlerweile fast 12 Jahre alt), der sich an die Essenssituation gewöhnt hat. Allerdings benötigt er die beruhigende Anwesenheit seines Schulhelfers und es wurde ihm gestattet, bestimmte Nahrungsmittel abzulehnen und selbstgewählte Speisen mitzubringen. Er isst unausgewogen und immer dasselbe, nimmt von den anderen Schülern in der Regel kaum Notiz, aber er schafft es, deren Anwesenheit auszuhalten. Auch die Geräusche, die damit einhergehen, kann er mittlerweile gut regulieren. Ihm wird jedoch immer erlaubt, die Situation mit seinem Helfer zu verlassen, wenn es sehr kritisch für ihn wird.

Hier wird noch ein weiteres Problem deutlich: Viele Kinder im AS ernähren sich unausgewogen und einseitig. Besagter Junge, nennen wir ihn Karl, isst ausschließlich Süßes gern. Er akzeptiert auch Weißbrot (Baguette) und Mayonnaise. Fleisch darf auch auf den Tisch, aber das war es dann fast auch schon. Die Eltern und Lehrkräfte haben Jahre darauf verwandt, ihn an Obst oder Gemüse heranzuführen. Mehr oder weniger umsonst. Karl würgt, wenn er Obst zu sich nimmt und Gemüse schmeckt er selbst dann noch überall heraus, wenn es püriert und untergemischt worden ist.

Viele Kinder im AS haben solche Nahrungsmittelabneigungen (Allergien treten auch auf) oder Lebensmittelpräferenzen. Das ist ein bisschen so wie bei kleinen Kindern, die auch auf „süß" geeicht sind und sich mit Obst und Gemüse schwer tun. Bei autistischen Kindern kommen dann noch Geschmacks-überempfindlichkeiten oder Geschmacksunter-empfindlichkeiten dazu. Einige Geschmacksrezeptoren übermitteln vielleicht sogar falsche Signale. Andere stören sich an Konsistenzen der Nahrung. Sie vertragen keinen Brei im Mund oder haben Probleme mit der Kaumuskulatur.

Die Probleme sind hier vielschichtig und wichtig ist, sie ernst zu nehmen, aber die Kinder nicht in eine erlernte Hilflosigkeit zu treiben. Dieser Spagat ist nicht einfach und meistens sind damit schon die Eltern überfordert.

Ich empfehle immer ein sukzessives Herangehen. Es ist quälend, wenn ein Kind Dinge essen soll, die es nicht verträgt oder vor denen es sich ekelt. Diese speziellen Nahrungsmittel sollten vermieden werden. Es ist aber auch wichtig, dass das Kind ein Minimum an Vitaminen und Nährstoffen zu sich nimmt. Aus diesem Grund kann man sich immer ein Obst oder Gemüse zum „Projekt" machen. Ziel könnte sein, dass das Kind Apfelmus kostet (oder einen Apfel, wenn es keinen Brei mag). Alle weiteren Versuche, das Kind zusätzlich zum Essen von Gemüse oder anderen Obstsorten zu verleiten, sollten während dieser Projektzeit unterbunden werden. Der Apfel selbst kann thematisiert werden. Wo wächst er, in welchen Ländern, unter welchen Bedingungen? Was kann man alles daraus machen (Apfelmus, Apfelchips, Gelee, Kuchen)? Wie sieht er aus und wie schmeckt er? Vielleicht beginnt das Kind, sich dafür zu interessieren, wie er schmeckt und beißt selbst mal rein. Das Ganze sollte ohne Druck geschehen. Lassen Sie das Kind nicht allzu sehr spüren, worauf sie lauern – nämlich auf den Biss in den Apfel. Versuchen Sie, entspannt zu bleiben und das Essen anzubieten, ohne zu verzweifeln, wenn Ihre List nicht aufgeht. Dann versuchen Sie es eben mit dem nächsten Obst oder Gemüse. Solche Projekttage stehen in den meisten Schulen sowieso an. Sie können gut genutzt werden, um auch autistische Schüler an ein besseres Essverhalten heranzuführen. Persönlich habe ich immer gute Erfahrungen mit „Chips" gemacht. Obst oder Gemüse in dünne Scheiben schneiden und in den Ofen legen. Man kann dann mit Zimt oder sonstigen Gewürzen arbeiten und das Ganze als Snack verkaufen. Besser als gar nichts![14]

---

[14] Demnächst erscheint im Autismusverlag auch ein Buch zum Thema Essen bei autistischen Kindern. Englischer Titel derzeit: Just Take A Bite (von Lori Ernsperger und T. Stegen-Hanson).

2.4   Sportunterricht

Sascha (14 Jahre) hasst Sportunterricht. Am liebsten „vergisst" er seinen Sportbeutel oder er fühlt sich regelmäßig unwohl, wenn dieses Fach auf dem Stundenplan steht. Gern legt er seine autismusspezifische Förderung durch eine externe Fachkraft auf diese verhassten Stunden. Besser Sozialtraining verabreicht zu bekommen, als im Sportunterricht immer der Letzte zu sein, der gewählt wird. Sein Sportlehrer, Herr Hase, weiß zwar um Saschas motorische Probleme, ist aber felsenfest davon überzeugt, dass die körperliche Betätigung ihm helfen würde, ausgeglichener zu werden.

Das Asperger-Syndrom geht oft mit motorischer Ungeschicklichkeit einher. Die Betroffenen wirken manchmal linkisch und koordinieren ihre Bewegungsabläufe nicht immer richtig. Die so genannte Auge-Hand-Koordination ist wichtig, um eine saubere Handschrift zu erwerben, etwas zu weben oder zu nähen oder eben auch, um einen Ball zu fangen. Das Sehen muss mit der Bewegung der Hände abgestimmt werden, was das Gehirn in der Regel bereits bei Kleinkindern im Vorschulalter schon ganz gut bewerkstelligt. Bei vielen Kindern im AS ist diese Auge-Hand-Koordination nicht ausreichend entwickelt, so dass sich daraus einige Schwierigkeiten ergeben.

Einige Kinder können zusätzlich zur feinmotorischen Problematik Entfernungen (sich bewegender oder auch unbeweglicher Dinge) schwer einschätzen. Im Straßenverkehr kann das sehr gravierende Folgen haben, wenn man nicht weiß, wie weit ein Auto von einem entfernt ist. Ein Ball, der auf einen zufliegt, kann genauso wenig in seiner sich nähernden Geschwindigkeit eingeschätzt werden, so dass es kein Wunder ist, dass viele

Kinder im AS vor allem auf Ballspiele keine große Lust haben.

Spiele im Sportunterricht sind darüber hinaus Gruppenaktivitäten und unterliegen Regeln. Bei den Spielen im Sportunterricht treffen genau dieselben Erklärungen zu wie sie bereits bei der Gruppenarbeit angeführt wurden. Man muss sich mit anderen, sich verhaltenden Menschen abstimmen und auf sie reagieren. Dazu gehört, ihre Handlungen zu antizipieren und sich in sie einfühlen zu können. Auch hier erweisen sich die Schwierigkeiten von Menschen im Autismus-Spektrum mit der Theory of Mind als hinderlich. Woran erkennen andere, was ein Basketballspieler beabsichtigt? Wie weit weg steht der andere Spieler eigentlich genau oder wie weit weg hängt der Korb? Warum schreien alle so wild durcheinander, was wollen sie eigentlich sagen?

Diese Signale, die über Rufen, Blicke und Gesten mit Armen oder Beinen ausgetauscht werden, sind für die meisten Kinder im AS nicht lesbar. Daher können sie sich auch keinen Reim darauf machen, wer wann den Ball abgeben wird oder wieso sich wer wo hinstellt. Auf diese Weise kann man kein guter Basketballspieler werden.

Dazu kommt, dass Sportunterricht zu laut ist. Geräusche (zum Beispiel Geschrei) in Turnhallen werden besonders laut empfunden, was es für übersensible Kinder wie Sascha, die eine solche Geräuschkulisse nicht ausblenden können, unmöglich macht, sich auf die Regeln eines Spiels zu konzentrieren oder darauf, was ein Mitspieler gerade beabsichtigen könnte. Das Dribbeln der Bälle, das Trampeln der Turnschuhe beim Rennen, die Trillerpfeife und das Rufen des Sportlehrers können dann schnell zum Overload führen.

Einige übersensible Kinder können vielleicht auch den Schweißgeruch der anderen nicht ertragen.

Ein weiterer Punkt: Man muss sich vor und nach dem Sportunterricht umkleiden. Viele Kinder sind sehr gehemmt und unsicher, was ihren Körper betrifft. Körperliche Veränderungen, gerade in der Pubertät, können nicht eingeschätzt werden wie das von vielen nicht-autistischen Kindern getan wird. Erwachende Sexualität ist etwas, was viele Kinder im AS verstören kann, da sie meistens emotional noch weit hinter ihrer körperlichen Entwicklung zurückhinken. Während also Gleichaltrige mit zwölf Jahren am anderen Geschlecht Gefallen finden und ihre körperlichen Veränderungen diesbezüglich mit Interesse verfolgen, befassen sich Kinder im AS noch mit ihren Eisenbahnen. Der Körper entwickelt aber dennoch genau dieselben sexuellen Impulse und Bedürfnisse wie es bei allen anderen Kindern/Jugendlichen der Fall ist. Daraus folgt eine große Verunsicherung und die Tatsache, dass die meisten Kinder im AS nicht über diese Sorgen sprechen, macht es nicht einfacher, einen gesunden Zugang zum sich entwickelnden Körper zu finden.

Tipps

Wie bereits erwähnt, kann ein Kind im AS vom Sportunterricht im Zuge eines Nachteilsausgleichs befreit werden oder es können bestimmte Leistungen unbewertet bleiben. Das gilt vor allem dann, wenn ein Kind motorische Schwierigkeiten hat oder in Folge der ungefilterten Wahrnehmung ein Aufenthalt in der Turnhalle oder im Schwimmbad unerträglich wird. Geräuschdämpfende Ohrstöpsel oder ähnliche Dinge sind während des Sportunterrichts schwieriger einzusetzen als im Unterricht, wo ein Kind still am Tisch sitzt.

Grundlegende Regeln, die bestimmten Spielen zugrunde liegen, sowie Schwierigkeiten, die mit der eigenen Körperwahrnehmung zusammenhängen, können im Rahmen eines außerschulischen Trainings (durch Bezugspersonen oder Fachkräfte) erarbeitet werden.

Medien wie der Kanal YouTube eignen sich, um sich ein solches Wissen anzueignen. Hier kann man beispielsweise Handball- oder Basketballregeln lernen oder sich mit den körperlichen Veränderungen im Rahmen der Pubertät auseinandersetzen. Dieser Kanal kann übrigens auch für alle anderen wichtigen Themen genutzt werden. Der Vorteil dieser Filme liegt darin, dass sie kostenlos zur Verfügung stehen und so oft wiederholt werden können wie nötig. Visualisierungen helfen beim Verständnis sehr und sensible Themen wie die Pubertät können somit frei von etwaigen „peinlichen" Sozialkontakten (wie es der Fall wäre, wenn ein Erwachsener es dem Kind erklärt) verinnerlicht werden.

Ein außerschulischer Sportverein wäre eine Möglichkeit, diese Regeln auf sicherem Terrain auszuprobieren und dann (hoffentlich erfolgreich) im Sportunterricht zur Anwendung zu bringen. Die Chance auf eine bessere Schulnote wird dadurch vielleicht erhöht – es sei denn, das Kind kann sich aus bekannten Gründen nicht dazu durchringen, sich einem Verein oder einer Sportgruppe außerhalb der Schule anzuschließen. Denn auch hier gelten dieselben sozialen Hürden wie im Rahmen der Schule.

2.5   Ausflüge und Feste

Frau Neuer freut sich immer, wenn sie mit ihrer 6. Klasse Ausflüge oder Feste organisieren und durchführen kann. Sie liebt die Abwechslung und so geht es auch all ihren Schülern bis auf Natascha (12 Jahre), die sich dann meistens krank meldet. Neulich hat es unvorhergesehen einen lustigen Schulstreich gegeben, der unter den Schülern für Furore sorgte, Natascha aber völlig aus dem Konzept brachte und sie so verstörte, dass sie den restlichen Tag an keinem Unterricht mehr teilnehmen konnte. Frau Neuer sorgt sich, dass Nataschas Unwilligkeit, an

Ausflügen, Festen oder anderen unvorhergesehenen Aktivitäten teilzunehmen, dauerhaft die Stimmung ihrer Klasse drücken könnte. Wenn da immer einer aus der Reihe tanzt oder die fröhliche, unbeschwerte Stimmung drückt......

Kinder im Autismus-Spektrum lieben Routine. Am besten ist, wenn immer alles gleich bleibt, denn das Gleiche ist bekannt und führt nicht zu angstauslösenden Reaktionen wie das Unbekannte. Die Welt besteht aus genügend Störungen und unverarbeiteten oder unverstandenen Reizen, so dass es nicht nottut, diesen weitere hinzuzufügen. Autisten versuchen vielmehr, Ruhe in das ungeordnete Ganze zu bringen und genießen Monotonie und Gleichförmigkeit, auch in der Schule.

Der insgesamt strukturiert ablaufende Schulunterricht ist daher meistens beliebter als Pausen oder andere unbekannte Variablen im Tagesablauf.

Ein Auslug oder ein Fest bringen stets unbekannte Variablen ins Spiel. Es ist vorab nicht bekannt, wie es am Ort des Ausflugs genau aussehen wird oder wie lange der Ausflug dauert. Auch ist unbekannt, wie sich die Mitschüler verhalten werden oder was genau vom Kind im Rahmen eines Ausflugs erwartet wird. Ein Fest ist meistens laut, es wird gedrängelt, Musik gespielt, geredet, vielleicht getanzt und gemeinsam gegessen oder gespielt. Das sind alles Dinge, die die meisten Kinder im AS unvorbereitet nicht ertragen und somit nicht genießen können. All das bringt nicht nur die gewohnte Routine durcheinander, sondern verlangt ihrem sensiblen Nervenkostüm und ihrem fehlenden Gespür für soziale Hinweisreize und Regeln eine ganze Menge mehr ab als sonst.

Tipps

Veränderungen können gründlich vorbereitet werden. Ein Ausflug ist in der Regel im Voraus bekannt und somit planbar. Der Termin eines Ausflugs kann im Kalender eingetragen und zum Beispiel mit einer Farbe markiert werden, so dass er immerzu in Erinnerung bleibt. Hierzu eignen sich Jahreskalender oder solche, die immer ein halbes Jahr abbilden. Das Kind kann im Kinderzimmer einen solchen Wandkalender haben, auf dem besondere Ereignisse des Jahres festgehalten werden.

Zeitnah vor dem Stattfinden des Ausflugs sollte sich eine Bezugsperson mit dem Kind zusammensetzen und sich das Ziel im Internet und/oder auf einem Stadtplan genau ansehen. Wo geht es hin? Es sollte auch darum gehen, was dort genau geschehen soll. Schaut sich die Schulklasse etwas an, zum Beispiel ein Museum? Oder ist es ein Kinobesuch? Oder ein Besuch im Tierpark? Je nach Ziel kann besprochen werden, was das Kind im AS dort tun soll und welches Verhalten genau von ihm erwartet wird. Dafür eignen sich Social Stories oder Soziale Anleitungen, die man gemeinsam mit dem Kind schreiben kann. Eine Soziale Anleitung besteht aus knappen Sätzen, die konkret und ohne viel Drumherum genau diese Fragen beantworten. [15] Sie sollten Antworten auf alle W-Fragen enthalten, die sich in Bezug auf einen Ausflug stellen, also: Wo? Was? Wie? (Warum?) Wer? In Bezug auf einen Ausflug wäre das in etwa: Wo geht es hin? Was genau erwartet den Schüler im AS dort? Wie wird der Tag ablaufen und wie sollte sich das Kind verhalten? (Warum) geht die Klasse dort hin und wer genau geht alles mit?

---

[15] Für nähere Informationen zu Social Stories siehe z.B. „Sozialtraining für Menschen im Autismus-Spektrum" von Melanie Matzies-Köhler im Kohlhammer-Verlag oder „Handlexikon Autismus-Spektrum" von Theunissen, Kulig et.al, ebenfalls Kohlhammer-Verlag. 2014/15

Dazu können Fotos vom Ort des Geschehens gezeigt oder mit auf den Text geklebt werden, so dass das Kind die Bilder dafür auch direkt vor Augen hat. Es sollte immer auf positive Formulierungen geachtet werden. Schreiben Sie also nicht, was das Kind NICHT machen darf oder tun soll, sondern schreiben Sie auf, was es tun soll und wie es sich verhalten kann, damit alles gut läuft.

Bewährt haben sich Verhaltensverträge, die man im Rahmen von Ausflügen (oder auch Festen) mit dem Kind erstellen kann. Wenn ein Ausflug vorbereitet wurde, kann das Einhalten der Vorgaben am Ende des Ausflugs oder am Ende des Tages positiv belohnt werden. Auf einen solchen Vertrag notiert man, welches Verhalten genau erwartet wird und lässt das Kind unterschreiben. Man kann dann während des Ausflugs vielleicht etappenhaft bereits Punkte verteilen, zum Beispiel für „ruhiges Sitzen im Bus" oder dafür, dass das Kind Straßenlärm ausgehalten hat. Wenn es sieht, wie es Stück für Stück seine Punkte sammelt, spornt es das Kind hoffentlich an, bis zum Ende durchzuhalten und neben der Möglichkeit auf einen (vielleicht doch) angenehmen Tag auch eine individuelle Belohnung zu erhalten. Diese ist nötig, da der Ausflug für das Kind meistens eher eine große Anstrengung denn eine Freude ist. Den anderen Kindern gegenüber kann das auch auf diese Weise gerechtfertigt werden.

Sie als Lehrer können auch einen Mitschüler an die Seite des autistischen Kindes stellen, welcher sich als „Ausflugscoach" beteiligt und sich damit vielleicht ein Privileg verdienen kann (zum Beispiel einen Sitzplatz aussuchen oder eine kleine extra Belohnung verdienen). Der Ausflugscoach achtet auf die vorab besprochenen Regeln und hilft dem autistischen Schüler bei deren Umsetzung. Sie haben dann mehr Zeit, um sich um die anderen Schüler zu kümmern, wenn es diesen Coach gibt (sofern diese Aufgabe nicht sowieso vom Schulhelfer übernommen wird. Manchmal bewährt sich jedoch sogar beides bei einem Ausflug.).

Feste können auf dieselbe Weise vorbereitet werden, aber hier gelten teilweise andere Voraussetzungen. Während man einen Ausflug meistens nicht einfach unterbrechen kann, gibt es die Möglichkeit, sich im Rahmen eines Festes zwischendurch zurückzuziehen und Pausen einzulegen. Wenn das Fest in der Schulklasse stattfindet, kann das Kind hinaus oder nach Hause gehen, wenn es gar nicht mehr geht (sofern die Möglichkeit besteht, an diesem Tag vielleicht abgeholt zu werden).

Es sollte jedoch geprüft werden, ob die Teilnahme an einem Fest zwingend notwendig ist, wenn es sehr laut und chaotisch zugeht und das Kind im AS keinerlei Interesse daran zeigt. Vielleicht kann es an diesem Tag in eine andere Schulklasse gehen und dort Unterricht machen (vorausgesetzt, diese Änderung bringt es nicht ebenso aus dem Konzept).

2.6 Klassen-Clownerie

Lukas (11 Jahre) mimt im Unterricht regelmäßig den Clown. Er kommentiert den Unterrichtsstoff der Lehrer mit „spaßigen" Sprüchen oder schneidet Grimassen. Gern erzählt er ungefragt und an „unpassender" Stelle einen Witz. Die Mitschüler fanden das am Anfang sehr witzig, aber langsam beginnt es, auch sie zu nerven. Lukas begreift nicht, wann es zu viel des Guten wird.

Klassenclowns sind meistens Kinder, die daran interessiert sind, das allgemeine Interesse auf sich zu lenken. Die meisten Autisten schaffen es nicht, konsequent den Clown zu spielen, es überfordert sie schlicht und ergreifend. Die Mitschüler beginnen allzu schnell, sie auszulachen statt mit ihnen zu lachen. Vielmehr ist der Klassenclown bei

Autisten eine Kompensationsstrategie, um nicht zum Mobbingopfer zu werden oder die eigene Unsicherheit irgendwie in „Produktivität" umzusetzen. Es stellt also in den meisten Fällen einen Versuch dar, überhaupt gesehen, im günstigsten Fall geliebt oder wenigstens nicht zum Außenseiter zu werden.

Ich hatte einen jungen Asperger – Autisten in einer meiner Sozialtrainingsgruppen, der große Freude daran hatte, der Gruppe regelmäßig Witze zu erzählen. Viele lachten auch darüber und er selbst ebenso. Irgendwann kam mir der Gedanke, ihn zu fragen, ob er die Witze wirklich selbst lustig fände. Er enthüllte mir daraufhin, dass er sie gar nicht verstünde. Er habe nur immer gemerkt, dass alle lachten und das hätte er dann in sein „Unterhaltungsrepertoire" übernommen.

Es ist auch denkbar, dass ein Kind aufgrund von Unterforderung während des Unterrichts zum Clown wird. Vielleicht ist es dem autistischen Clown nicht einmal bewusst, dass er dazu wurde. Er zappelt, redet dazwischen, läuft herum oder gibt zu allem seinen „Senf" ab. Bei vielen hoch begabten Kindern kann eine Clown-Funktion auf Unterforderung hindeuten.

Tipps

Autistische Klassenclowns unterscheiden sich von „gewöhnlichen" Clowns, da sie soziales Verhalten allgemein nicht gut verstehen und Absichten anderer schwer einschätzen können. Sie suchen nach Aufmerksamkeit oder wollen gelobt werden. Dass Witze gut bei anderen Kindern ankommen, lernen sie schnell, setzen das Erzählen von Witzen dann allerdings unflexibel ein. Wenn ein Kind im AS überintelligent ist, langweilt es sich im Unterricht und weiß seinen Frust vielleicht nicht anders auszudrücken.

Versuchen Sie herauszufinden, welche dieser Möglichkeiten zutrifft und wirken Sie behutsam entgegen. Vielleicht können Sie das Kind für seine Beiträge häufiger loben, auch wenn sie nicht immer perfekt sind. Loben Sie einfach, weil das Kind sich beteiligt hat. Sie können sagen, dass der Inhalt zwar nicht (ganz) richtig war, aber Sie es begrüßen, dass es sich Gedanken gemacht hat.

Geben Sie dem Kind praktische Hinweise und Tipps, wie es auf sozial angemessene Weise Sozialkontakte knüpfen kann. Bei Unterforderung könnten Sie ein paar zusätzliche Aufgabenkörbe in ein Regal stellen und das Kind bitten, diese Aufgaben zu bearbeiten. Sie müssen dann aber darauf achten, dass es das nicht als Belohnung oder als Ausflucht betrachtet, um dem eigentlichen Geschehen nicht folgen zu müssen.

Wenn alles nichts hilft, dann wäre auch hier ein Tokensystem empfehlenswert. Sagen Sie klar und deutlich, welches „Clown-Verhalten" Sie nicht im Unterricht tolerieren und stellen Sie einen Plan auf, wie das Kind Punkte dafür sammeln kann, dass es den Unterricht nicht auf diese Weise stört. Stellt es das Verhalten ab, bekommt es Punkte. Diese kann es am Ende der Schulstunde gegen ein Privileg oder eine kleine Aufmerksamkeit von Ihnen eintauschen. Vielleicht kann die gesamte Klasse dabei einbezogen werden. Denn diese profitiert auch davon, wenn der Unterricht reibungsloser abläuft, gerade wenn die Witze des Clowns nicht mehr lustig für die Kinder sind. Vielleicht können die Kinder als Belohnung dafür eine Weile dem Lieblingsthema des Autisten lauschen oder mit ihm sein Lieblingsspiel in der Pause spielen. Dabei können die Klassenkameraden sich abwechseln. Auf diese Weise hat das Kind im AS soziale Interaktionen als Belohnung dafür erhalten, dass es im Unterricht nicht mehr kompensatorisch agiert. Die Belohnung sollte an das autistische Kind angepasst und je nach Intention des „Clown-Verhaltens" erfolgen und kann auch bedeuten, dass es vielleicht während der Pause im Klassenzimmer bleiben und sich dort interessanten Themen widmen darf. Sie als Lehrer könnten Ihren Kaffee dann mal dorthin holen und dort die Pause verbringen, falls das Kind nicht unbeaufsichtigt sein darf.

2.7 Aggressives Verhalten

Jakob (14 Jahre) trat neulich einem Mitschüler im Rahmen eines Streits völlig unvermittelt gegen das Schienbein. Alle waren darüber äußerst erschrocken! Bislang hatte Jakob sich immer unauffällig oder zumindest nicht gewalttätig verhalten. Darauf angesprochen sagte er, dass es ihm leid täte, er habe das nicht gewollt. Seine Mitschüler hätten ihn aber schon so lange geärgert, was die Lehrerin total erstaunte, da sie bislang von Streitigkeiten der Schüler untereinander gar nichts bemerkt hatte. Was sie allerdings merkte, war, dass Jakob sich häufig bei schriftlichen Anforderungen mit ihr stritt. Er wurde ihr gegenüber manchmal aufbrausend ohne ersichtlichen Grund.

Viele Kinder im AS verhalten sich lange Zeit unauffällig, bis sie – scheinbar aus heiterem Himmel – ein derart auffälliges Verhalten zeigen, welches sich zunächst einmal niemand erklären kann. Das so ruhige Kind schlägt auf einmal andere oder randaliert im Klassenzimmer.

Der Grund für solch ein Verhalten ist oft darin zu sehen, dass die Kinder Wut, Resignation und manchmal sogar Demütigungen über lange Zeiträume innerlich angestaut haben. Sie sammeln negative Erfahrungen und damit verbundenen Gefühle, bis sie (radikal) explodieren. Ein Kind im AS weiß oft nicht genau, was um es herum wirklich geschieht. Warum sagen die Schüler solche Dinge, wie ist das gemeint? Ist das eine Hänselei, ist das Spaß? Was hat die Person eigentlich gemeint, als sie das oder jenes zu mir sagte oder von mir forderte? Sie versuchen, im Stillen die Puzzleteile zu einem sinnvollen Ganzen zusammenzufügen und teilen sich selten nach außen hin mit. Das geschieht aus ähnlichen Gründen, aus denen sie nicht um Hilfe bitten. Sie gehen nicht davon aus, dass andere Personen etwas wissen, was ihnen selbst nicht zugänglich ist und eine von ihren eigenen Ideen abweichende Lösung parat halten könnten (Theory-of-Mind-Problem). Andere Menschen erscheinen aufgrund der mangelnden sozialen „Vernetzung" auch schlichtweg nicht als Ansprechpartner.

Ein Kind im AS ist also mit seinen negativen Gefühlen ganz allein und wenn es nicht dazu neigt, sie impulsiv unmittelbar auszuagieren, stauen sie sich gefährlich an. Die Kinder versuchen, die Probleme, Missverständnisse, Beleidigungen oder Fragezeichen in ihren Köpfen zu ignorieren, aber das funktioniert nicht auf Dauer.

Sie verbrauchen oft bereits am Morgen den Anteil an Energie, der bei anderen den gesamten Tag über reicht. Sie sind konfrontiert mit Mitschülern, für die es kein Problem darstellt, einen Stift zu halten oder ein ordentliches Schriftbild hinzubekommen. Die Welt ist ein (überwiegend soziales und reizüberflutetes) Chaos, gegen das die Kinder täglich ankämpfen müssen. Sie werden ausgelacht oder bestraft, wenn sie Dinge anders tun oder tun müssen, um überhaupt etwas tun zu können. Sie treffen auf Menschen, die sie meiden, weil sie anders sind. Wen wundert es, dass diese Kinder zuweilen ein Verhalten zeigen, welches wir als „aggressiv" bezeichnen.[16]

[16] Danke an Gee Vero, durch die dieser Absatz motiviert wurde

Tipps

Wichtig ist, das Explodieren des Kindes als Signal für sein Leid zu erkennen. Es ist natürlich nicht schön, wenn ein Kind seinen Frust mittels einer aggressiven Handlung einer anderen Person gegenüber entlädt. Dieses Verhalten sollte unmittelbar und unmissverständlich korrigiert werden. Andere Kinder müssen beschützt werden.

Dennoch ist es wichtig, dem autistischen Kind zu entlocken, was zu seinem Ausbruch geführt hat. Ein solcher Ausbruch geschieht nie einfach nur so!

Auch das scheinbar unverständliche Verhalten Jakobs seiner Lehrerin gegenüber während der Schreibaufgaben hatte immer einen Grund, der nur nicht sofort erkennbar war. Seine Lehrerin wollte ihm zufolge durch ein betont rasches Arbeitstempo nicht so viel Zeit mit seinem (zu) ordentlichem Schriftbild verschwenden. Jakob hielt sich aus ihrer Sicht zu lange damit auf, es möglichst schön und korrekt zu gestalten. Sie erklärte ihm das aber nicht, sondern zog einfach nur das Tempo an. Jakob ärgerte sich regelmäßig darüber, dass sie es nicht verständlich erklärt hatte und wurde unwirsch. Jakobs Beispiel zeigt, wie wichtig es ist, die eigenen Handlungen einem Kind im AS zu erklären. Das gilt für alle möglichen sozialen Verhaltensweisen wie auch für viele schulischen Maßnahmen.

Im Fall des großen Ausbruchs (Tritt) waren es zuvor ignorierte Streitigkeiten, Missverständnisse, Hänseleien und sogar Prügeleien, die sich entluden. Es ist aus diesem Grund wichtig, immer ein wachsames Auge auf den autistischen Schüler im Klassenverbund zu werfen. Bleiben Sie, wenn möglich, mit den Eltern oder Schulhelfern im Gespräch. Fragen Sie immer wieder regelmäßig beiläufig (oder in bewusst geschaffenen „Sprechstunden") nach, ob es dem Kind gut geht oder ob es etwas bedrückt, auch wenn Sie nichts Auffälliges wahrnehmen. Bleiben Sie einfach dran. Vielleicht gibt es einen Mitschüler, der ab und zu mit dem Kind spricht und den Sie dazu befragen können, ob alles in Ordnung ist.

Sie könnten auch ein Smiley-System für den Schüler etablieren, in dem dieser seinen Tagesverlauf selbst einschätzt. In der Regel schätzen im Allgemeinen eher Lehrer oder Schulhelfer ein, wie der Tag lief und ob das Kind einen Lachsmiley bekommt oder nicht. Wenn das Kind selbst beurteilen soll, wie der Tag lief, dann könnten Sie vielleicht Hinweise darauf erhalten, wie es um seine psychische Verfassung steht.

3. STOLPERSTEINE IM LERNVERHALTEN

Autistische Kinder sind im Rahmen des Unterrichts mit vielen Herausforderungen konfrontiert. Viele denken in Bildern. Sie sind also visuelle Lerntypen und keine auditiven. Sie verstehen Dinge weniger im Zusammenhang, sondern im Detail. Die Komplexität gestellter Aufgaben überfordert selbst diejenigen, die eigentlich überdurchschnittlich intelligent sind. Das Denken ist oft unflexibel, das heißt, dass ein Kind einen einmal gefundenen Lösungsweg immer wieder geht, obwohl verschiedene Problemlösungsstrategien anzuwenden sind. Informationen kommen manchmal nur bruchstückhaft an, da es zu Wahrnehmungsverzögerungen kommt oder die Kinder Aufmerksamkeitsprobleme haben. Motorische Probleme beim Schreiben hemmen das Kind zusätzlich. Aufgaben, die soziales Verständnis erfordern, oder Formulierungen, die „nicht logisch" sind, verwirren den Schüler oder die Schülerin zutiefst. Darüber hinaus sind alle Schwierigkeiten, die bereits in den Kapiteln 1 und 2 beschrieben wurden, hinderlich. Dazu gehören Motivationsprobleme, Wahrnehmungssensibilitäten, soziale Schwierigkeiten, Probleme des Verstehens von Sprache und so fort.

Bereiche, in denen autistische Kinder Stärken haben, werden dagegen oft nicht eingefordert. So können sie intuitiv Zugang zu komplexen Sachverhalten haben, ohne konkret zu wissen, wie man zu diesem Wissen gelangt. Sie können in Genauigkeit, Logik und Detailreichtum glänzen und ihre Art des Denkens ist allgemein gesehen oft so „anders", dass daraus nicht selten innovative Leistungen hervorgehen.

Kein Wunder, dass viele Kinder im AS nicht gern zur Schule gehen oder Leistungen zeigen, die oft weit unter ihren Fähigkeiten liegen. Das können Sie als Lehrer jedoch nur begrenzt beeinflussen und daher ist es auch nicht zu erwarten, dass Sie Ihren kompletten Unterricht an den Bedürfnissen eines autistischen Kindes in Ihrer (Regel-) Klasse ausrichten. Wenn Sie zusätzliches Personal vor Ort haben, ist es vielleicht manchmal in Ansätzen realisierbar, alles zu beachten, was es in Bezug auf das Unterrichten autistischer Schüler zu berücksichtigen gilt. Daher denke ich, dass es notwendig ist, sich auf die wesentlichen Aspekte zu reduzieren. Hier kommen daher nur wenige Punkte zu den bisherigen genannten Problemstellungen (die alle auch miteinander zusammenhängen) hinzu.

Ich geben jetzt einige Hinweise, die sogar für andere Schüler ebenso brauchbar sind. Wenn Sie diese Veränderungen vornehmen, könnte sich das für die gesamte Klasse als Vorteil erweisen. Holen Sie sich auf jeden Fall Hilfe, wenn Sie merken, dass Ihr autistischer Schüler große Probleme mit Aufgabenstellungen hat. Besprechen Sie die Möglichkeit einer Nachhilfe für das Kind oder raten Sie den Eltern, entsprechende autismusspezifische Hilfen zu beantragen. Fachleute können den Unterrichtsstoff an das Kind angepasst im häuslichen Bereich aufarbeiten.

3.1 Visuell-räumliche Lerntypen

Kinder, die diesem speziellen Lerntyp angehören, gehen im Schulalltag oft unter, da ihre wahren Fähigkeiten unerkannt bleiben. Sie haben meistens einen viel höheren IQ als ihre schulischen Leistungen vermuten lassen. Manche von ihnen sind sogar hochbegabt. Man unterscheidet räumlich-visuelle Strategien von auditiv-sequentiellen Denkprozessen. Die meisten Schüler wenden auditiv-sequentielle Denkprozesse an. Die Kinder nehmen Information über die Ohren auf (auditiv) und bearbeiten sie nacheinander (sequentiell), zum Beispiel beim Rechnen oder Wiedergeben von zuvor gehörten Zahlenreihen. Oder besser: Das Schulsystem folgt dem sequentiellen Lernen. Die Kinder haben wenig Vorwissen und das zu Erlernende wird hierarchisch aufgegliedert, einem (vom Lehrer) vorgegebenen Lernweg folgend. Sie lernen eher nicht selbstständig auf diese Weise.

Visuell-räumliche Lerntypen mögen lieber Aufgaben wie Mosaiktests als Zahlenreihen aufzusagen, haben eine gute räumliche Orientierung und sie scheitern in der Schule meistens an einfachen Dingen, wenngleich sehr komplizierte Aufgaben und Gedanken ihnen weniger Probleme bereiten. Wenn Ihr Schüler mit AS körperlich sensibel ist, auf laute Geräusche heftig reagiert, nicht zuzuhören scheint, desorganisiert wirkt oder Probleme hat, Aufgaben zu Ende zu bringen, dann stehen die Chancen gut, dass er ein visueller Lerntyp ist. Wenn das Kind zudem gern PC-Spiele spielt (vielleicht wissen Sie das von den Eltern), Lego und Puzzle liebt und eine Vorliebe für Kunst oder Musik hat, erhöhen sich diese Chancen noch. Meistens ist die Rechtschreibung schlecht.[17]

---

[17] Siehe Selbstbestimmung. Barrierefreiheit. Respekt. auf der Seite www.autismus-kultur.de

Kinder mit visuellen-räumlichen Fähigkeiten haben besondere Fähigkeiten, wenn es um räumliches Denken und ein intuitives Verstehen von komplexen Systemen geht. Sie lassen meistens einzelne Schritte einfach aus. Kennen Sie das, wenn ein Kind sofort eine Lösung einer Mathematikaufgabe hinschreibt, ohne den Lösungsweg zu skizzieren? Sie glauben, das Kind hat abgeschrieben? Möglich, aber viel wahrscheinlicher ist, dass es das System längst begriffen hat, ohne dieses bewusst zu wissen. Es kennt die Lösung einfach.

Während die meisten Kinder vom Einfachen zum Komplexen denken (auditiv-sequentielles Denken), können diese Kinder genau andersherum denken. Sie denken vom Ganzen zu einzelnen Teilen. Dieses Denken kann sehr kreativ sein.

Nicht alle autistischen Kinder denken visuell-räumlich. Je nach Ausprägung des Autismus und einer etwaigen Hochbegabung unterscheiden sich die Fähigkeiten oder Schwierigkeiten der Kinder. Sehr wahrscheinlich gibt es bei nahezu allen Kindern (ob mit oder ohne Autismus) Mischformen beider Denktypen, aber es lohnt, mal genauer hinzuschauen, welche Kanäle ein Kind verwendet.

Tipps

Sollte Ihr Schüler ein visuell-räumlicher Denktyp sein, dann liegt es auf der Hand, viele Visualisierungen zu verwenden, um das Lernen zu erleichtern. Visuelle Hilfen wie Tafelbilder, Videofilme, Diagramme, Skizzen oder Tabellen helfen den Kindern, Informationen aufzunehmen. Das klappt deutlich schlechter, wenn sie die Informationen durch Zuhören und Mitschreiben aufnehmen sollen. Beim Zuhören geht Vieles wieder verloren, da sie sich verbale Informationen auf längere Strecken nicht merken können. Mitschreiben, während jemand spricht, ist auch schwer und viele haben sowieso Schwierigkeiten, mit einem Stift zu schreiben. Dass das Kind bei langen Monologen der Lehrer abschaltet, ist daher kein Wunder.

Sprachinformation muss in bildhafte Information übertragen werden. Das ist ein Energieaufwand, der sich kaum lohnt, da ein Lehrer viel zu schnell spricht. Wenn ein Satz übersetzt wurde, hat das Kind den folgenden Satz längst vergessen. Auch deshalb kommt Information bruchstückhaft an oder die Kinder schaffen es nicht, eine Aufgabe in einer bestimmten Zeit zu lösen, weil sie viel länger für ihre „Übersetzungsarbeit" brauchen.

Visuelle Lerner brauchen viele Strukturvorgaben. Diese helfen gegen die Desorientiertheit, denn oft haben die Kinder kein gutes Zeitgefühl und können die Dinge nicht in eine Reihenfolge bringen (sequentielles Lernen begünstigt diese Fähigkeiten). Sie haben Probleme mit Rang- und Reihenfolgen und daher eignen sich Pläne wie Ablaufpläne oder sogar Handlungspläne, die ihnen vorgeben in welchen Sequenzen Tätigkeiten abzuarbeiten sind.

Die meisten autistischen visuellen Denker lernen am besten, wenn sie das Gelernte mit etwas verbinden können, zu dem sie eine persönliche Erfahrung haben. Gut geeignet sind auch immer die Spezialinteressen. Das ist im Zuge des Unterrichtens vieler Kinder sicher nicht immer machbar, aber man könnte Unterrichtsthemen auch für die anderen Kinder so gut es geht mit persönlichen Erlebnissen kombinieren.

Anweisungen oder sogar Aufforderungen sollten dem visuellen Denktypen zuliebe besser an die Tafel oder auf Folien geschrieben werden, denn durch pures verbales Vortragen erreichen Sie bei diesen Kindern wenig. Eine schriftliche Präsentation der Aufgaben kann Wunder wirken.

Bei Schwierigkeiten mit der Handschrift sollte man sich darauf verständigen, dass ein Kind im AS den PC als Hilfe nutzen darf. Einige Kinder, mit denen ich arbeite, bekamen einen Laptop, auf dem sie sehr bereitwillig gearbeitet haben. Das Schreiben mit dem Stift ist aufgrund der feinmotorischen Probleme oft sehr mühsam. Manchmal hilft auch der Einsatz eines Diktier- oder Aufnahmegeräts. Das Kind kann dann im häuslichen Bereich die Informationen nachholen.

3.2 Selbstorganisation

Selbstorganisation fängt schon zu Hause an, in dem dort die Schulmappe gepackt wird. Viele Kinder im AS kommen ohne Arbeitsmaterialien in die Schule. Es fehlen Stifte, Hefte oder Bücher. Sie scheinen schlichtweg nicht zu wissen, welche Fächer sie haben. Einige schreiben sich die Hausaufgaben nicht oder nicht regelmäßig ein und entsprechend bringen sie auch keine fertigen Hausaufgaben mit in die Schule. Die Tische der Kinder sind ein Chaos und sie sind auch insgesamt schusselig. Dieses Schusselige kann verschiedene Gründe haben. Wer sich schwer in Raum oder Zeit orientieren kann, Probleme hat, Abläufe zu verstehen oder vorauszudenken, der kann sich schlechter selbst organisieren. Um mich zu organisieren, muss ich folgende Gedanken führen können:

- Morgen habe ich Mathematik, Deutsch, Musik, Sport und Englisch
- Für Mathe brauch ich meinen Hefter und das Mathe-Buch
- Für Deutsch brauche ich den Roman, den wir gerade lesen, und einen Block zum Mitschreiben (liniert)
- Für Sport brauche ich den Turnbeutel usw.

Wir bringen diese Gedanken in eine Reihenfolge. Was habe ich zuerst, was kommt danach und was zuletzt und wie lange dauert das alles. Ich arbeite mich also durch diese Reihenfolge hindurch und plane entsprechend, was ich mitnehmen muss. Flexibel muss ich auch denken können, denn ich brauche die Dinge immer entsprechend des aktuellen Themas, das behandelt wird (mal brauche ich also einen Roman im Deutschunterricht, mal das Grammatikheft). Ich muss mich zeitlich ebenso orientieren können, da ich wissen muss, welche Fächer ich an welchen Tagen habe. Ich muss in meinem Kopf festhalten können, dass das alles in der Mappe zu sein hat, wenn ich morgen früh losgehe. Darauf muss ich mich eine Weile lang konzentrieren können und auch die Motivation dazu haben. Ich muss natürlich auch wissen, wo ich diese Dinge zu Hause vorfinden kann und wie lange es ungefähr dauert, bis ich mit dem Zusammenpacken für den nächsten Tag fertig bin. Schließlich will ich ja noch meine Hausaufgaben machen, mich mit Freunden treffen oder am PC spielen etc. Während ich packe, darf ich mich nicht von etwas anderem ablenken lassen, da ich sonst nicht fertig werde. Sämtliche Impulse sollten also währenddessen unterdrückt werden und mein Handeln zielgerichtet erfolgen.

Viele Schüler im Autismus-Spektrum sind keine großen Organisationstalente. Manchmal mangelt es einfach an der Motivation, häufiger kommen aber die erwähnten Schwierigkeiten hinzu. Man sagt im Fachjargon „beeinträchtigte exekutive Funktionen" dazu.

Tipps

Hilfreich sind visuelle Pläne, die in Sichtweite des Kindes angebracht werden. Im häuslichen Bereich könnte ein Plan hängen, der dem Kind aufzeigt, welche Fächer am Folgetag dran sind und in Abhängigkeit aktueller Unterrichtsinhalte Notizen oder Hinweise, was mitzubringen ist. Geeignet sind abwaschbare Stifte und entsprechende Tafeln, Post-Its oder Notizblöcke. Das „Schultasche packen" kann auf einer To-Do-Liste für den Nachmittag einen festen Platz erhalten und gegebenenfalls am Abend (wenn alles erledigt ist) belohnt werden.

Im schulischen Bereich fungieren oft Schulhelfer als Organisationshelfer, aber man kann auch mit Markierungen am Boden oder auf dem Arbeitsplatz des Schülers arbeiten. Wo soll die Mappe hin? Ein großes Kreuz mit Klebband auf dem Boden kann Abhilfe schaffen. Wo lege ich Stifte und Hefte auf dem Tisch ab, wo endet mein Platz und wo fängt der des Nachbarn an? Auch hier helfen Klebestreifen beziehungsweise Markierungen.

Damit das Lesen übersichtlicher wird, können Lesehilfen verwendet werden wie Lesezeichen, Marker, Zeilenschablonen/Schablonen oder Heftklammern. Heftklammern und Lesezeichen zeigen an, auf welcher Seite gearbeitet werden muss, mit Markern kann man wichtige Passagen unterstreichen. Schablonen können Textfelder abdecken, die gerade irrelevant sind und Zeilenschablonen unterstützen den Schüler beim Lesen. A. Tuckermann, Anne Häußler und Co haben ein tolles „Notfallset" zusammengestellt, welches die genannten und andere Hilfsmittel beinhaltet, die im Schulalltag (vor allem für Schulhelfer) immer parat stehen sollten.[18]

Die Selbstorganisation wird durch Routinen erleichtert. Auch hierfür kann ein Plan erstellt werden: Wenn du in den Klassenraum kommst, häng zuerst deine Jacke an. Setz dich an deinen Platz. Hol deine Stifte heraus, dann deine Hefte und Bücher. Wenn es klingelt, schau nach vorne zum Lehrer (man kann es auch kürzer formulieren). Wenn der Unterricht zu Ende ist, schließ das Buch, steck das Buch in deine Schulmappe und so weiter. Routinen geben Sicherheit und bieten Orientierung.

---

[18] Tuckermann, Häußler, Lausmann. Herausforderung Regelschule. Borgmann Media. 2012

3.3 Aufgabenkomplexität

Im Zuge von Aufgabenstellungen ist es immer wichtig, Anforderungen in kleinen Einheiten zu präsentieren. Je mehr Informationen eine Anforderung erhält und je unübersichtlicher sie dadurch wird, umso schwieriger wird die Bearbeitung derselben. Die meisten Texte, die in Schulen bearbeitet werden müssen, sind lang. Sie enthalten viele „überflüssige" Informationen, die zumindest für die anschließende Aufgabenbearbeitung irrelevant sind. Die meisten Schüler können Wichtiges von Unwichtigem trennen und überlesen die „überflüssigen" Passagen einfach. Wenn sie etwas über die Rohstoffe eines Landes herausfinden sollen, wissen Sie, dass es nicht allzu wichtig ist, genau zu wissen, wo dieses Land sich auf der Weltkarte befindet oder wie viele Einwohner es hat. Es geht um die Rohstoffe, also wird gezielt danach im Text gesucht. Ein Schüler im AS könnte sich aber an allen für die Aufgabe irrelevanten Details aufhalten, ohne zum Punkt zu kommen. Er weiß einfach nicht, dass die Zahl der Einwohner für die Tatsache, dass er Rohstoffe aufzählen soll, die das Land hervorbringt, in diesem Fall nebensächlich sein könnte.

Textaufgaben, vor allem in Mathematik, sind für viele Kinder im AS äußerst lästig. Eine Textaufgabe ist meistens nicht so formuliert, dass sofort ersichtlich wird, was zu tun ist. Das muss erst herausgefunden werden, was die Textaufgabe ausmacht.

Hier ein Beispiel einer Textaufgabe für die 2. Klasse, die normalerweise gut lösbar sein sollte:

Frau Krumm hat neun rote und genauso viele gelbe Paprika gekauft. Acht Paprika hat sie zum Kochen verwendet. a) Wie viele Paprika hat Frau Krumm insgesamt gekauft? b) Wie viele Paprika sind nach dem Kochen noch übrig geblieben?

Wenn das Kind nicht versteht, dass rote und gelbe Paprika zusammengezählt werden sollen und auch können, ist die Aufgabe nicht lösbar.

Zweites Beispiel aus der 4. Klasse:

Familie Müller kauft sich ein Haus. Es kostet 220.000 Euro. Die erste Hälfte können sie sofort bezahlen über den Rest nehmen sie einen Kredit auf. Wie viele Monate müssen sie zahlen, wenn sie jeden Monat 1.100 Euro abbezahlen?

Hier muss dringend geklärt werden, ob das Kind versteht, was ein „Kredit" ist. Wenn das Kind dieses Wort nicht kennt oder nicht wirklich versteht, wird die Aufgabe unlösbar. Es ist darüber hinaus naheliegend, dass es „die erste Hälfte" wörtlich versteht und sich das Haus in zwei Hälften vorstellt. Gemeint ist die erste Hälfte von 220.000 Euro, aber das Kind im AS wird sie vermutlich auf die Haushälfte beziehen. Vielleicht fragt es sich länger als nötig, wie man Häuser in Hälften verkauft oder bezahlt und ob man vielleicht auch erst Viertel bezahlen kann.

Sie sehen an diesen Beispielen, dass eine Textaufgabe/Sachaufgabe zu viel Verwirrung führen kann. Es muss immer damit gerechnet werden, dass ein Schüler im AS etwas nicht versteht. Wenn möglich, sollte hier immer abgeklärt werden, ob es Verständnisprobleme gibt. Möglicherweise können Sie dem Schüler hier zusätzlich ein paar Minuten widmen, während die anderen Kinder die Aufgabe bearbeiten, um Verwirrungen zu vermeiden, denn manchmal klärt sich so ein Missverständnis auch sehr schnell auf.

Zusätzlich problematisch an Textaufgaben ist, dass sie beabsichtigen, das Kind zu lehren, Inhalte von einer auf eine andere Situation zu übertragen. Das Gelernte soll also angewendet werden. Genau dieser Transfer beziehungsweise diese Generalisierungsleistung fällt den Kindern so schwer. Sie begreifen manchmal nicht, dass sie genau dieselbe Formel (zum Beispiel Dreisatz) oder einen Rechenweg auch anwenden können, wenn die Aufgabe unterschiedlich formuliert ist (zum Beispiel Äpfel statt Birnen oder Autos statt LKWs vorkommen). Andererseits verstehen sie nicht, dass ein einmal gegangener Lösungsweg nicht immer ganz gleich auf alles übertragen werden kann, sondern auch flexibel angepasst werden sollte (das gilt dann für andere Fächer eher als für Mathematik).

Aufgabenkomplexität kann auch reduziert werden, wenn man kleine „To-Do-Listen" für deren Abarbeitung anfertigt. Viele Lehrer teilen bereits solche Hilfen in Form von Arbeitsblättern wie „Wie schreibe ich eine Inhaltsangabe?" aus. Wenn die Einzelschritte schriftlich sichtbar gemacht werden, kann der Schüler diese nacheinander bearbeiten und schließlich zu einem guten Ergebnis kommen. Es zeigt ihm auf, was in welcher Reihenfolge zu tun ist und eine zusätzliche Zeitvorgabe, zum Beispiel mit Hilfe eines Time-Timers[19] kann helfen, sich zu orientieren.

Viele Schulen arbeiten mit Arbeitssystemen. Diese werden aber überwiegend an Schulen verwendet, in denen Kinder mit Frühkindlichem Autismus beschult werden. Da ich mich hier primär auf Regelschulen beziehe, stelle ich die „Arbeitsstationen" nicht explizit vor. Das System dahinter ist aber gut anwendbar: Aufgaben nacheinander stellen. Eine Aufgabe erst stellen, wenn eine vorherige

---

[19] Uhr, die den zeitlichen Verlauf durch eine rote Fläche anzeigt, die immer geringer wird, je mehr Zeit verstreicht

Aufgabe beendet wurde. Das kann auch auf Aufgabenschritte übertragen werden.

ABSCHLIEßENDE GEDANKEN

Hoffentlich konnten meine Tipps für diverse Stolpersteine im Unterricht, im Gruppenverhalten sowie beim Lernen ein wenig dazu beitragen, Ihnen die Arbeit zu erleichtern und das Zusammensein mit Kindern im Autismus-Spektrum als Aufgabe und positive Herausforderung zu empfinden. Aus persönlicher Erfahrung weiß ich, dass sich diese Arbeit lohnt. Alle Lehrer, die erfolgreich mit den Kindern gearbeitet haben, sprechen von großer Bereicherung für sich selbst und alle Kinder in ihren Schulklassen. Autisten helfen uns, die Welt von einer anderen Seite aus zu betrachten. Sie sprengen Selbstverständliches und helfen uns, zu wachsen und neue Wege zu finden, die auch für alle anderen bereichernd sind. Das Buch wird nicht jedes Problem lösen und Sie werden immer neue Stolpersteine vorfinden, die mitunter ganz anders aussehen als in diesem Ratgeber. Dazu kommt, dass ein Tipp für das eine Kind genau der richtige ist, für ein anderes keine Funktion hat oder vielleicht sogar kontraproduktiv ist. Im Voraus kann niemand Ihnen sagen, was funktionieren wird und was nicht. Es ist eine fortwährende Suche nach Lösungen für individuelle Kinder und Jugendliche. Das Buch soll nur Anstöße liefern, denn Patentrezepte kann niemand geben.

Vertrautes Terrain verlassen zu müssen, weil ein Kind „querschlägt", ist nicht immer angenehm. Das, was funktioniert, erleichtert uns den Alltag. Wenn wir immer wieder über alles neu nachdenken müssen, was wir tun, haben wir vielleicht zu wenig Kraft an anderen Stellen. Die gute Nachricht ist: Wenn Sie herausgefunden haben, was funktioniert, wird es das mit Sicherheit eine Weile lang tun. Ein Kind im AS ist dankbar, wenn es Routinen hat, die ihm gut tun, und Strukturen, die es vorhersehen kann. Meistens reicht es, all das einmal zu etablieren und bei Bedarf anzupassen. Wenn das Kind merkt, dass Sie es annehmen wie es ist und sich für seine Spezialthemen interessieren oder auch dafür, wie es am besten lernen kann, haben Sie meistens das Herz des Kindes gewonnen. Bei Kindern im AS wie bei allen anderen Kindern auch ist es so, dass Motivation für das Lernen auch an die Person des Lehrers gekoppelt ist (oder zumindest sein kann). Spürt das Kind dagegen, dass Sie genervt sind oder es am liebsten aus der Klasse haben würden, wird es vermutlich immer verhaltensauffälliger werden. Akzeptanz ist also ein wesentlicher Schritt, eine ganz wichtige innere Haltung für das Gelingen eines Miteinanders.

Ebenso wichtig ist es, dass Sie zu sich und allen anderen ehrlich sind. Wenn Sie spüren, dieser Herausforderung nicht gewachsen zu sein oder es aus verschiedenen Gründen nicht packen, dann ist das so. Dafür müssen Sie sich auch nicht im Übermaß rechtfertigen. Vielleicht hat ein Kollege den besseren Draht zu dem Kind oder ist insgesamt weniger gestresst als Sie. Wenn Sie ehrlich mit sich und dem Umfeld sind, wissen alle, woran sie sind und man kann Veränderungen herbeiführen, wenn das möglich ist (was nicht immer der Fall ist, das gebe ich zu). Lehrkräfte sind heute großen Stressoren ausgesetzt und nicht jeder kann alles leisten. Holen Sie sich Hilfe, wo Sie können. Vielleicht können Sie auch privat einen Termin mit der Familie und dem Kind vereinbaren und es im häuslichen Bereich kennenlernen. Lassen Sie sich seine Legofiguren oder Dinosaurier-Sammlung zeigen und sich alles über diese Spezialinteressen erzählen. Eine auf diese Weise gewonnene Bindung kann sich vielleicht auch auf die Schule übertragen.

In Bezug auf die soziale Integration autistischer Kinder frage ich mich oft, wie sinnvoll das ist, wenn die intrinsische Motivation fehlt. Lernen autistische Kinder denn wirklich Sozialverhalten von anderen Kindern? Für viele Kinder ist ein gezieltes „Coaching" im Sozialverhalten nötig oder aber es kommt irgendwann von selbst, sobald es wirklich Interesse daran gefunden hat. Es sollte vielleicht eine Wahlmöglichkeit bestehen, denn manche profitieren sehr von der Integration, andere nicht.

Ich wünsche Ihnen viel Erfolg bei Ihrer Arbeit und unvergessliche Stunden mit „Ihrem" autistischen Schüler!

Melanie Matzies-Köhler

LITERATUR

Brauns, Axel. Buntschatten und Fledermäuse, Mein Leben in einer anderen Welt. Goldmann, 2004

Dziobek, Isabel. Empathie bei Menschen mit Autismus. Tätigkeitsbericht, 2008.

Frith, Uta. Autismus. Ein kognitionstheoretisches Puzzle. Spektrum akademischer Verlag, 1992

Gerland, Gunilla. Ein richtiger Mensch sein. Autismus – das Leben von einer anderen Seite. Verlag freies Geistesleben, 1998
Matzies-Köhler, Melanie. Autismus. Adlerblick und Tunnelsicht. Tipps für Kids. Selfpublishing, Amazon, 2013

Schmidt, Peter. Der Junge vom Saturn. Wie ein autistisches Kind die Welt sieht. Patmos, 2013

Vero, Gee. Autismus – (m)eine andere Wahrnehmung. FeedARead.com, 2014

Autismus Deutschland: Rechte von Menschen mit Autismus. Ratgeber zu den Rechtansprüchen von Menschen mit Autismus und ihrer Angehörigen